É POSSÍVEL, É REAL

Angelo Longhi
Padre Diego Rihl Bettoni

É POSSÍVEL, É REAL

O poder da fé

Dados Internacionais de Catalogação na Publicação (CIP)
Angélica Ilacqua CRB-8/7057

Longhi, Angelo
É possível, é real : o poder da fé / Angelo Longhi, Padre Diego Rihl Bettoni.
-- São Paulo : Paulinas, 2022. 144 p. (Coleção Diálogo)

ISBN 978-65-5808-145-6

1. Fé 2. Milagres 3. Vida cristã 4. Espiritualidade I. Título II. Bettoni, Diego Rihl III. Série.

22-1489 CDD-211

Índice para catálogo sistemático:

1. Fé

1ª edição – 2022

Direção-geral:	*Flávia Reginatto*
Editora responsável:	*Marina Mendonça*
Copidesque:	*Mônica Elaine G. S. da Costa*
Preparação de texto:	*Ana Cecilia Mari*
Revisão:	*Sandra Sinzato*
Gerente de produção:	*Felício Calegaro Neto*
Capa e diagramação:	*Fernanda Matajs*
Imagem capa:	*@ stockyimages / depositphotos.com*

Nenhuma parte desta obra poderá ser reproduzida ou transmitida por qualquer forma e/ou quaisquer meios (eletrônico ou mecânico, incluindo fotocópia e gravação) ou arquivada em qualquer sistema ou banco de dados sem permissão escrita da Editora. Direitos reservados.

Paulinas

Rua Dona Inácia Uchoa, 62
04110-020 – São Paulo – SP (Brasil)
Tel.: (11) 2125-3500
http://www.paulinas.com.br / editora@paulinas.com.br
Telemarketing e SAC: 0800-7010081

© Pia Sociedade Filhas de São Paulo – São Paulo, 2022

SUMÁRIO

Prefácio 7

CAPÍTULO 1
Não há vida sem fé 13

CAPÍTULO 2
Crer sem ver, pois há muita coisa escondida 17

CAPÍTULO 3
Só há fé se houver razão 27

CAPÍTULO 4
Os dois caminhos 41

CAPÍTULO 5
Fé, uma virtude que tem tamanho 51

CAPÍTULO 6
2 + 2 = 4, mesmo que todos digam o contrário 57

CAPÍTULO 7
Por que proliferam tantas ideias sobre vida espiritual? 81

CAPÍTULO 8
A imitação de Cristo 85

CAPÍTULO 9
O contrário também é verdadeiro 89

CAPÍTULO 10
O poder da fé...97

CAPÍTULO 11
Por que alguém optaria em não ser curado? 107

CAPÍTULO 12
Uma oração chamada "EU NÃO CONSIGO".............................111

CAPÍTULO 13
A ferramenta: o poder da fé..125

OS 7 PASSOS DO PODER DA FÉ 141

PREFÁCIO

Antes de falarmos do poder da fé e como chegar a um novo tempo de milagres em sua vida, deixe-me contar para você uma metáfora. Um jovem muito empolgado com a vida e focado em seus projetos deve seguir imediatamente para a cidade de São Paulo, onde uma empresa o espera para ouvir suas ideias e investir em seus projetos. A alternativa mais viável é ir à rodoviária e embarcar imediatamente. A meta é clara, o ganho é certo. Ao chegar à rodoviária, porém, ele nota que a passagem para Buenos Aires está em promoção e, ao visualizar o ônibus que segue para a capital Argentina, vê que este é muito mais bonito, há serviço de bordo, wi-fi, poltronas enormes, som e vídeo. Já o ônibus para São Paulo, com passagem mais cara, é um ônibus legal, porém inferior. Em qual ônibus você acha que ele deve embarcar? Agora, um teste: no lugar do jovem, em qual ônibus você embarcaria?

☐ No ônibus de último tipo, maravilhoso, com poltronas enormes, wi-fi, freezer e tudo que você pode imaginar em conforto e tranquilidade. Destino: Buenos Aires.

☐ No ônibus inferior ao primeiro, sem wi-fi, ar-condicionado, com poltronas não tão confortáveis. Destino: São Paulo.

Será que alguém, ao ler isso, assinalaria a primeira alternativa? "Este ônibus para São Paulo não me agrada, vou entrar no outro, porque é mais confortável e aparentemente mais atrativo." Parece óbvio, mas cabe ressaltar: o que é mais importante? O seu destino ou a qualidade do meio de transporte?

Não sei se já aconteceu com você de embarcar em um ônibus errado, de chegar a um destino indesejado; a frustração de errar o destino é infinitas vezes maior do que o bem-estar da viagem.

Mas o que acontece hoje em dia? Muitas pessoas, em vez de seguirem para onde dizem querer chegar, têm optado pelo mais confortável, pelas aparências, por aquilo que as faz sentir-se bem naquela hora. É o mais fácil, o mais prazeroso que tem pesado nas decisões, independentemente do destino.

> ATENÇÃO: Não estamos querendo dizer que optar pelo caminho certo é ruim e sofrido. Apenas estamos usando esta metáfora do ônibus para dizer que nossas escolhas não devem ser baseadas na emoção imediata, no prazer imediato, no sentimento. Repito: apenas queremos evidenciar que o destino delimita o caminho.

É claro que este exemplo poderia servir no campo humano, pois quantas vezes não chegamos aonde queremos e pecamos pela falta de esforço e por erro nas escolhas (leia o livro *É possível, é real: o poder da esperança*).

Este livro que você tem em mãos caminhará principalmente pela realidade espiritual. Trataremos de entender o que realmente é a fé na prática e mostraremos como ela influencia diretamente os outros campos de nossa vida: intelectual, emocional e físico.

A verdade da fé não pode ser avaliada pelas emoções, pela escolha de um ônibus mais confortável! A fé busca a verdade e a verdade, por vezes, contraria a emoção, a lógica humana, o bem-estar, o prazer e a conveniência. Por isso, esta obra mostrará como usar a razão para discernir a fé verdadeira. A clareza sobre aonde queremos chegar delimitará o caminho que tomaremos.

Há, sim, uma ligação entre ambas, fé e razão, afinal, o ser humano é corpo, mente e espírito. Mas uma fé que pretende se sustentar pelo que se "sente" é no mínimo muito fraca, frágil e em constante risco.

Avalie se há uma mistura entre sentir e crer. Você já disse uma destas frases ou algo parecido? Assinale:

☐ Deus me abandonou, não sinto sua presença.
☐ Deus não me ama, pois, se me amasse, eu não me sentiria assim tão mal.

- ☐ Sinto que não fui perdoado.
- ☐ Não vou mais à missa, não me sinto bem.
- ☐ Rezar é chato.

Talvez estas afirmações não tenham saído de sua boca, mas como as ouvimos, não é mesmo? Crer e sentir são parceiros de muitas das falas dos que creem e dos que já não creem. Este livro propõe elucidar as diferenças entre fé e sentimento.

Dada esta metáfora inicial, então seja bem-vindo à leitura deste livro, pois, a partir de agora, você está na "rodoviária" e ainda tem a chance de escolher o "ônibus certo". O livro o auxiliará a tomar clara e convictamente a decisão sobre onde "embarcar", aonde chegar e a ter uma fé forte para uma vida que realmente valha a pena ser vivida.

Prometemos que, ao ler e aplicar os ensinamentos aqui contidos, milagres acontecerão em sua vida. Isso não é ousadia nem arrogância, mas a mais pura promessa, não nossa, e sim de Deus, para aqueles que creem.

"Se creres, verás a glória de Deus"
(Jo 11,40).

CAPÍTULO 1

NÃO HÁ VIDA SEM FÉ

Uma coisa é certa, o ser humano não vive sem fé. A vida humana, sem este componente, é inviável, impensável, impossível. A fé, de forma geral, é a nossa capacidade de acreditar e agir, no literal sentido da palavra "dar crédito". Acreditar no que me dizem, que há verdade no que me falam. Acreditar que decisões podem ser tomadas sem ser preciso verificar todos os fatores. Acreditar que promessas serão cumpridas. Isso é fé em nível humano, um componente essencial das relações humanas, do dia a dia.

"Fé é uma certeza a respeito do que não se vê"
(Hb 11,1).

Vamos verificar se você tem fé em nível humano. Assinale qual destas atitudes você pratica no seu dia a dia:

☐ Sempre, ao entrar em um ônibus, verifico a validade da carteira do motorista, sua aptidão em dirigir e seu estado de sobriedade.

☐ Sempre, ao comer em um restaurante, eu visito a cozinha, peço informações dos cozinheiros e inspeciono pessoalmente o preparo dos alimentos, sua validade e conservação.

☐ Nunca ando pela rua, pois não há como verificar as intenções reais de cada pedestre.

☐ Nunca tomo nenhum medicamento, pois não sou farmacêutico nem químico e não tenho como verificar a composição e a eficácia do medicamento, e se coincide com a bula.

☐ Ao ir a um médico, peço cópia de seu diploma, verifico sua veracidade e aplico um pequeno questionário para avaliar a aptidão do atendente.

☐ Visito regularmente o banco para verificar se meu dinheiro realmente está guardado lá no cofre.

Se você assinalou uma ou mais destas alternativas, sejamos sinceros, realmente você é uma pessoa de pouca fé. Pelos exemplos acima, queremos deixar claro que, sem essa fé no gesto comum do dia a dia, sem essa fé no profissional que nos atende, no fabricante do produto que consumimos, na veracidade da promessa de algum amigo, colega ou familiar, não há relação social, não há sequer tempo para a vida.

Logicamente versaremos no livro sobre uma fé específica, um acreditar pontual. Mas começamos assim: sem fé não há vida possível. E faremos uma divisão entre a fé da realidade humana, esta que exemplificamos, e a fé da realidade espiritual, a crença em Deus e no que ele nos revelou.

Atividade 1

Para termos acesso ao poder da fé, temos de estar dispostos a crer sem ver. Humanamente, podemos ser traídos em nossa fé pelas pessoas e, uma vez sem a fé na humanidade, naquilo que nos cerca, nos tornamos pessoas desconfiadas (des = sem; confiadas = confiança).

Rapidamente rememore alguns fatos de pequenas ou grandes traições de sua vida. Houve traição em amizade? Relacionamento? Negócios?

Se houve, quem o traiu, em que área? Você percebe que isso atravancou sua confiança nas pessoas e nos processos do dia a dia da vida? O exercício é simples, basta perdoar quem feriu sua confiança e traçar uma linha de ação. O que posso fazer para não cair mais nessa situação? Como posso agir diferente e voltar a ter confiança nas pessoas e no dia a dia?

Faça uma breve oração e peça a força dos céus para conseguir perdoar; após pedir a graça do perdão, pronuncie: (Nome da pessoa que o traiu), eu o perdoo de todo o coração. (Repita esta frase a cada nome que for lembrando.)

CAPÍTULO 2

CRER SEM VER, POIS HÁ MUITA COISA ESCONDIDA

Imagine-se em um museu a contemplar uma pintura. Você fica olhando aquela obra, reparando em técnicas e detalhes. É claro que aquela pintura pode mexer com você, fazê-lo recordar coisas e emitir opiniões. Vai tocar suas emoções, vai suscitar análise da razão, e poderá até gerar vontades. Imagine ainda que, ao seu lado, apresenta-se o artista, aquele que pintou o quadro. Você o indaga sobre a motivação, a emoção e a razão daquela obra artística, e ele diz: "Olha, eu pintei este quadro para transmitir as seguintes emoções, realizei a pintura dessa maneira, usei essa técnica, com esse fim". Então, sendo ele o autor, aquilo que ele está lhe falando é "muito mais" do que o que você está vendo. Aquilo que o pintor está dizendo é muito mais do que o que você consegue enxergar e entender: ele vai dizer o porquê do quadro. Quem sabe até vai corrigir sua análise. Quem sabe até, em algum aspecto, você tenha acertado em cheio a intenção ou técnica ali usada. Quem sabe ainda você possa contrapor o artista, dizendo que em sua análise havia muito mais emoção, ou ainda que faria diferente.

> Mas o fato é que o artista é quem o fez,
> pelos motivos que quis,
> com a intenção que ele teve.

E a fé espiritual é assim também, é a mesma coisa; podemos constatar a existência de Deus, assim como nos foi dada a capacidade de "perceber a arte". Somos seres transcendentes para perceber o transcendente, somos críticos, racionais, emocionais e livres. Livres para emitir opiniões, achismos, sugestões, tirar nossas próprias conclusões. No entanto, somos incapazes de ter a mente do artista.

Intuímos, conjecturamos, sugerimos, opinamos... Será que acertamos?

No fim das contas, no nosso caso, como seres criados por Deus, até nossa capacidade de analisar e pensar sobre "a arte" nos foi dada por ele. Portanto, a fé e a capacidade de fazer ciência têm a mesma origem e o mesmo fim.

O que havia na cabeça de Leonardo da Vinci quando pintou a Mona Lisa?

- ☐ Vou pintar o mais célebre quadro do mundo.
- ☐ Não tenho nada para fazer hoje, então, vou pintar uma moça em uma tela.
- ☐ Estou apaixonado.
- ☐ Tenho que entregar a encomenda amanhã... Vou pintar logo.
- ☐ Vou testar uma nova técnica de pintura.

No fim, quem saberá qual foi sua motivação?

Voltemos para a obra da realidade espiritual e imaginemos agora que, ao nosso lado, está o próprio Deus, o autor da criação, a nos conduzir pela verdade da obra. Imaginemos, ainda mais, esse Deus em seu perfeito estado de comunicação com a humanidade, por meio de Jesus Cristo, que se fez Deus Conosco. E ele nos revelando: "Deus Pai é assim...", "O céu é assim...", "Para entrar no céu é preciso fazer isso..., ser aquilo...". O que ele nos fala é muito mais do que podemos ver. Afinal, ele é o artista, o Criador, ele SABE MAIS DO QUE NÓS.

Todos podem opinar sobre a fé, a realidade espiritual, a palavra bíblica, a Igreja, achar e "desachar", dizendo: "Eu faria diferente", ou: "Eu sinto que é assim...".

Pode-se ainda dizer: "Deus fez isso por causa daquilo...". Mas só ele poderia revelar verdadeiramente suas intenções e seus porquês. Ele sabe mais, pois é o artista, o pintor, o CRIADOR.

> *Vamos rezar juntos:* Creio em Deus Pai, Todo-Poderoso, criador do céu e da terra...

Vamos a mais uma metáfora. Certa vez, meu pai pediu que eu medisse uma parte do piso de uma sala, para uma possível reforma. Peguei o metro da caixa de ferramentas e o usei para realizar a tarefa. De imediato respondi ao meu pai: "A medição está feita, aqui tem 150 centímetros". Meu pai imediatamente disse: "A medida está errada".

Naquele momento, eu fiquei um tanto confuso, afinal, estava com a ferramenta na mão, acabara de medir o piso e, segundo o metro, eram 150 centímetros. Como poderia alguém questionar? Não tinha cabimento nenhum questionar a medição realizada por uma ferramenta feita para isso, e prontamente rebati: "Está errada? Estou com o metro na mão, e deu exatamente 150 centímetros a medida desta parte do piso. Como pode afirmar que está errada? TEM UM METRO E MEIO SIM, e não há discussão".

Com toda calma do mundo, meu pai deu um argumento que deixaria qualquer um desconcertado: "Olha, então o metro está errado".

Nesta altura da conversa, só me restava fazer uma última indagação: "O metro está errado? Como pode dizer uma coisa dessas?".

E ele respondeu: "Olha, eu construí este piso, comprei as pedras e sei que cada uma delas tem 30 centímetros. Como aí tem quatro pedras, só pode ser a medida total de 120 centímetros. Examine o metro, ele está errado".

E, acreditem se quiser, ao examinar cuidadosamente minha ferramenta de medida, encontrei o problema: o metro era de madeira e alguém o havia quebrado, e, ao consertá-lo, tinha tirado um pedaço de 30 centímetros. O metro continuou com a marca impressa de 150 centímetros ao seu final, mas tinha na realidade 120 centímetros. Misteriosamente sumiram 30 centímetros da ferramenta de medida. Com olhar cuidadoso, percebi na numeração que, da marca de 90 centímetros, passava-se diretamente para 120, afinal, a pessoa que quebrou o metro juntou as outras partes com um pedaço a menos.

No fim, seria tão mais fácil confiar em quem sabe mais do que eu. Ahhh, meus amigos, mas contrariar a lógica oferecida pelo metro...

De fato, há afirmações na fé que questionam a lógica e o entendimento, mas, ao final, quem fez a obra sabe mais do que nós. É preciso nos questionarmos se nosso metro foi quebrado em razão de nossos conceitos, orgulhos, vaidades, ideologias, e se acabamos, por isso, avaliando a vida com um metro faltando pedaços. Qual tem sido o metro usado para medir os resultados da sua vida? E se ele estiver errado? Avalie pelos resultados que você tem colhido na vida.

Ter fé é acreditar, e acreditar em alguém que sabe mais do que eu, como Jesus Cristo, que tem credibilidade pela sua vida, pelas suas ações, pelos frutos que ele transmitiu nestes 2 mil anos e, também, pelos frutos produzidos por aqueles que o seguiram, usando-o como o "metro" certo. Jesus é o modelo, ele tem credibilidade. Aquilo que Jesus nos fala sobre Deus, sobre realidades eternas, é muito mais do que o que podemos alcançar com nossa própria razão ou emoção. Olhamos o quadro pintado e dizemos: "É, eu acho que foi essa a técnica...". Mas o artista pode nos falar muito mais.

Poderíamos usar até outro exemplo: é como olhar uma plantação e dizer: "Quantos frutos!". Mas, se ao meu lado estiver um engenheiro agrônomo, aquilo que ele vai me falar da plantação é muito mais do que eu consigo ver. Eu confio nele porque sei que sabe mais do que eu, e o que ele diz é mais do que aquilo que consigo enxergar.

"Jogue esta semente na terra e volte daqui a algumas semanas, que repolhos nascerão", diz o agrônomo, e eu simplesmente obedeço, simplesmente acredito que daquela pequena semente haverá de brotar um pé de repolho. Não entendo "como acontece", mas, ao voltar à horta, depois de alguns dias, lá está o broto do repolho.

Logicamente o que avalia a qualidade do agrônomo não é seu título ou o diploma, mas sim se realmente a sua técnica produz frutos. Assim também damos credibilidade a Cristo, pois os frutos dos seus gestos e palavras são muito visíveis.

Jogar sementes sem entender de germinação não é ignorância, é confiança. A fé na realidade espiritual não é um caminhar no escuro, porque justamente se está seguindo alguém que sabe. Você está seguindo a luz. Você não está no escuro.

A fé não é caminhar no escuro, mas sim caminhar na luz.

Se não tem uma lanterna e está em um lugar escuro, ou você vai atrás de alguém que a tenha e vai iluminando adiante, ou ainda pode acompanhar quem conhece mais, muito mais do que você, o caminho. Você confia ou naquele que tem a lanterna ou no guia para subir uma montanha. O guia, mesmo sem lanterna, mas sendo grande conhecedor do local, vai levar você até o pico. A fé é isso, é acreditar em alguém que sabe mais do que nós e caminhar na luz.

Por isso, São Tomás de Aquino nos diz que crer em Deus não é ignorância nem cegueira. Ele diz que não enxergamos quando está muito escuro. Se apagarmos a luz, é verdade que não vemos nada, mas, por outro lado, quando olhamos para o sol, conseguimos enxergar? Não. Mas não vemos o sol porque irradia pouca luz ou porque é tanta luz que não conseguimos ficar de olhos abertos e, se os abrirmos, ficam ofuscados? Logicamente: é muita luz. Então, crer em Deus não é ignorância, não é algo irracional, mas, sim, é muito mais do que a nossa cabeça pode alcançar, entender. A fé verdadeira não é a escuridão da ignorância, mas sim muita luz. A razão de Deus é maior que a minha, a lógica dele supera a minha, o que ele sabe é muito mais do que eu sei. Deus nos deu a razão e dela precisamos para ter fé.

Atividade 1

Assinale a alternativa que indica a pessoa certa a se buscar orientação sobre agricultura:

- ☐ Bombeiro.
- ☐ Pintor.
- ☐ Garçom.
- ☐ Agrônomo.

Se isso lhe parece óbvio, resta questionar: em quem você tem buscado orientação para sua fé, para as verdades espirituais? Em quem sabe mais ou em quem lhe convém?

Atividade 2

Quais foram as três últimas pessoas com que você conversou sobre assuntos da fé? Elas foram porta-vozes do artista da criação ou deram opiniões pessoais sobre a "obra do artista"?

1.
2.
3.

Como comentamos, somos livres; porém, procurar na fonte acaba sendo a melhor opção. Tome hoje uma decisão: IR À FONTE, saber o que O ARTISTA realmente ensinou, mesmo que contrarie o que você acha, entende ou vê.

CAPÍTULO 3

SÓ HÁ FÉ SE HOUVER RAZÃO

*"A fé e a razão constituem como que as duas asas
pelas quais o espírito humano se eleva
para a contemplação da verdade."*
Papa João Paulo II

Fé e razão não se antepõem; muito pelo contrário, não pode haver fé sadia se não houver uma boa dose de razão. Até porque, se, pela nossa definição, fé é acreditar em quem sabe mais do que nós, devemos usar a razão para avaliar os critérios para dar a alguém essa credibilidade.

Então fica claro:

> Fé para crer em uma realidade
> que não conheço, no "o quê".
> E razão para avaliar se "quem"
> me fala tem credibilidade.

Importante deixar mais claro, com a dimensão humana da fé:

- Uso a razão para escolher o médico que me atende, vejo se ele foi bem indicado, se tem resultados concretos. Já fazer o tratamento, tomar os medicamentos que não compreendo como funcionam, é fé.

- Uso a razão para escolher um restaurante, vejo seu histórico de atendimento, indicações, comentários e até o número de pessoas que passam pela casa. Já sentar e comer, sem saber como foi preparado o alimento, é fé.

- Uso a razão para escolher uma escola para meus filhos, pesquiso as referências, a história da instituição, o que os outros pais falam a respeito dela, os resultados do método de ensino observados nos atuais alunos. Já deixar meus filhos lá e buscá-los ao final do dia, é fé.

Onde entra, então, a razão para validar a fé espiritual? A razão está em estudar os Evangelhos, conhecer a história da Igreja, ler as histórias dos santos, "ver os frutos", ou seja, avaliar pelos RESULTADOS.

A razão está também na comparação. Estudar as outras religiões, pesquisar sobre os fundadores, verificar se têm credibilidade, saber de onde tiraram suas conclusões.

Falando especificamente na fé cristã, há alguns argumentos racionais muito importantes a levarmos em conta, como:

- Os evidentes frutos do cristianismo na Igreja e na sociedade.
- A milenariedade da Igreja.
- A influência dos santos na cultura, na caridade, na sociedade.
- Os milagres.

Mas, mesmo que tudo isso possa ser colocado em questionamento e, amanhã ou depois, ser contestado por argumentos sociológicos, antropológicos, psicológicos e científicos, há algo que é a "pedra fundamental".

Queremos transcorrer agora sobre O ARGUMENTO da fé cristã. Irrefutável, central, essencial. Aquele argumento que faz ser praticamente desnecessário todos os outros. Um argumento que evoca lógica e razão e que, a partir dele, tudo muda. As curas podem ser explicadas, os milagres, quem sabe, as aparições, as mudanças de vida, as experiências místicas, tudo um dia pode ter uma suposta explicação que faça desacreditar do conteúdo da fé. Cá entre nós, um bom ateu teria, ou deveria ter, bons argumentos para explicar tudo isso.

Já o testemunho da ressurreição de Jesus Cristo não tem como ser contestado. Só isto nos basta, e nada mais, para atestar as razões da nossa fé. Cristo ressuscitou, e isso dá credibilidade a sua palavra e ao que vem dela.

> A ressurreição é o centro e
> Jesus Ressuscitado, a grande prova.

E quais seriam esses argumentos racionais que atestam a ressurreição de Cristo? E mais, uma vez que lhes é dada credibilidade, atesta-se todo o resto? É muito simples: sabia que a Igreja foi perseguida por mais de trezentos anos? Você consegue imaginar isso? Durante trezentos anos homens e mulheres aceitaram ser mortos, torturados, aleijados, ver suas famílias separadas, passar fome e sede, sofrer calúnias, vergonha e tantas outras atrocidades. Estariam eles defendendo uma "ideia"? Queriam fundar uma nova religião enquanto ideia filosófica? Estariam de birra com judeus e romanos e resolveram fazer uma "cena"? Teimariam em uma mentirinha de trezentos anos para impressionar os perseguidores?

> [3] Eu vos transmiti primeiramente o que eu mesmo havia recebido: que Cristo morreu por nossos pecados, segundo as Escrituras; [4] foi sepultado, e ressurgiu ao terceiro dia, segundo as Escrituras; [5] apareceu a Cefas, e em seguida aos Doze. [6] Depois apareceu a mais de quinhentos irmãos de uma vez, dos quais a maior parte ainda vive (e alguns já são mortos); [7] depois apareceu a Tiago, em seguida a

todos os apóstolos. ⁸E, por último de todos, apareceu também a mim (1Cor 13,3-8).

> Não é filosofia nem ideologia, muito menos um partido; é uma pessoa que seguimos: Jesus Cristo.
> É ele quem, quando nos chama, diz: "Segue-me".

Durante trezentos anos, o que os manteve? Você sabia que o ser humano é biológica e psiquicamente programado para sobreviver, e pode fazer coisas incríveis para manter-se vivo? Então, que ideia é essa de tantos aceitarem, e durante tanto tempo, a morte em razão de algo que não fosse comprovado, real e palpável? E não foi um grupo pequeno nem por um período curto; estamos falando de muita gente, de diferentes povos, línguas e culturas, homens e mulheres, jovens e idosos. Ou era uma ideia muito real ou, então, não prevaleceria.

Você já ouviu falar da regra de Gamaliel? Gamaliel foi um homem importante da época de Jesus, um fariseu, um doutor da Lei, que identificou um fenômeno interessante: toda vez que um líder com ideias humanas desaparecia ou morria, seus seguidores se dispersavam. A regra, então, de Gamaliel é esta: ideias humanas passam, ideias divinas prevalecem. Assim está na palavra:

³⁴Levantou-se, porém, um membro do Grande Conselho. Era Gamaliel, um fariseu, doutor da Lei, respeitado por todo o povo. ³⁵Mandou que se retirassem aqueles homens por um momento, e então lhes disse: "Homens de Israel, considerai bem o que ides fazer com estes homens. ³⁶Faz algum tempo apareceu um certo Teudas, que se considerava um grande homem. A ele se associaram cerca de quatrocentos homens: foi morto e todos os seus partidários foram dispersados e reduzidos a nada. ³⁷Depois deste, levantou-se Judas, o galileu, nos dias do recenseamento, e arrastou o povo consigo, mas também ele pereceu e todos quantos o seguiam foram dispersados. ³⁸Agora, pois, eu vos aconselho: não vos metais com estes homens. Deixai-os! Se o seu projeto ou a sua obra provém de homens, por si mesma se destruirá; ³⁹mas se provier de Deus, não podereis desfazê-la. Vós vos arriscaríeis a entrar em luta contra o próprio Deus". Aceitaram o seu conselho (At 5,34ss).

Imagine-se agora em uma situação similar à dos mártires dos primeiros tempos, sendo preso e torturado. Sua vida está em risco e tem que fazer uma opção, pois seu algoz chega até você e diz: "Negue Jesus Cristo e estará livre. Admita que ele é apenas um homem comum e vá para casa". O que você faria?

☐ Negaria minha fé em Cristo e iria para casa.
☐ Ficaria firme na minha fé em Cristo e morreria.

Quero lhe dizer que é muito compreensível que você, que é do século XXI, pense em negar; e já digo mais, se foi muito rápido e certeiro e, quase sem pensar, escolheu a alternativa de ficar firme na opção da morte certa, é bom questionar se isso é mesmo heroísmo cristão ou se há muita tristeza e amargura na sua vida, uma vontade de "cair fora logo". Se estiver assim triste, a ponto de pensar na morte como "saída", não tenha medo de pedir ajuda.

Vamos colocar mais um componente nessa história: imaginemos, então, que você esteja nessa situação de condenação, mas algo aconteceu uma semana antes do julgamento e iminente martírio. Você jantou com Jesus Cristo, já morto e ressuscitado... Isso mesmo, dividiu com ele uma taça de vinho. Ele mostrou a você as mãos chagadas e seu lado aberto. Depois, partiu o pão com você e comeram peixe juntos. Ele lhe falou e explicou várias coisas da vida espiritual, contou-lhe até uma parábola.

E agora, dada esta evidência da ressurreição, perguntamos novamente: o que você faria diante do algoz?

☐ Negaria minha fé em Cristo e iria para casa.
☐ Ficaria firme na minha fé em Cristo e morreria.

Não parece mais evidente agora a escolha por Cristo, uma vez que o viu, sentiu, conversou com ele, recebeu dele a certeza da vida eterna para os que creem?

Assim viveram os primeiros cristãos, como testemunhas oculares de Cristo Ressuscitado. Nunca foram os milagres que embalaram a fé dos primeiros cristãos, mas o próprio Cristo.

Aceitar Cristo não pode ser fruto da fé em milagres, mas, sim, os milagres são frutos da fé em Cristo.

O tempo foi passando e o testemunho desse Cristo morto e ressuscitado foi mantido.

"Negue Jesus!", dizia o carrasco. O cristão respondia: "Como posso negá-lo? Meu pai jantou com Jesus Ressuscitado".

"Negue Jesus!" "Como posso? Meu avô, meu tio, viram-no ressuscitado."

Estas testemunhas do início, oculares ou não, é que davam credibilidade à ressurreição, e não estamos citando uma ou duas, mas centenas de milhares em mais de trezentos anos, atestando, de forma lógica e racional, a confiabilidade de Jesus. Foi ele, e não outro, quem morreu e ressuscitou.

Aí está, a fé que moveu os primeiros cristãos era extremamente lógica e racional, não sentimental. Acredite, uma boa sessão de tortura só é vencida pela racionalidade. Um "ônibus" (metáfora no prefácio) tão ruim como o martírio só pode ser encarado por quem sabe que o destino vale a pena.

Não é por acaso que o historiador Tertuliano (150 d.C.) dizia: "O sangue dos mártires é a semente de novos cristãos".

Agora vem a fé, que é aceitar, então, tudo o que ELE nos falou, quer entenda ou não, quer aceite ou não. Ou cremos ou não cremos.

É importante reparar que o próprio Jesus esvazia um pouco os tantos outros "sinais" de credibilidade que a história nos daria. Ao ser questionado sobre sua divindade, Jesus responde: "Esta geração é uma geração perversa; pede um sinal, mas não se lhe dará outro sinal senão o sinal do profeta Jonas" (Lc 11,29).

Jonas, o profeta, ficou três dias no ventre de um grande peixe, para ser vomitado na praia da cidade de Nínive, onde deveria pregar a conversão. Jesus ficou três dias no ventre da terra, para então ressurgir, vencendo a morte e comprovando, como havia dito, que ele é de fato o FILHO DO DEUS VIVO. Então, não esqueça, a fé baseada em acontecimentos humanos e sentimentalismos é frágil e poderá ruir a qualquer momento.

[14]"Se Cristo não ressuscitou, é vã a nossa pregação, e também é vã a vossa fé" (1Cor 15,14).

E olha que não há novidade nenhuma nessa informação, pois há milênios que a Igreja Católica tem o compromisso de atestar todo dia, toda hora e em todos os lugares que a fé está em crer que Cristo ressuscitou.

Após uma explicação sobre a importância da ressurreição de Cristo na estrutura da fé, um jovem perguntou: "Padre Diego, se a ressurreição de Jesus é o centro e é tão importante, por que a Igreja não incentiva que nós, cristãos, nos lembremos disso o tempo inteiro? Eu, às vezes, esqueço essa informação e que ela deve ser o centro...".

O padre respondeu: "E o que é a celebração da missa senão o exercício dessa lembrança e a atualização desse mistério? No fim das contas, todos deveríamos relembrar a ressurreição ao menos uma vez por semana, na missa dominical. Nela recordamos a paixão, morte e ressurreição de Jesus, recebemos seu Corpo glorioso e nos comprometemos a viver uma fé baseada nele".

Atividade 1

Supondo que você, caro leitor, seja uma pessoa de caminhada na fé, assinale a alternativa que mais pesou e/ou pesa na sua conversão e caminhada religiosa. Pode-se assinalar mais de uma resposta.

- ☐ Eu estou na caminhada, pois senti fortemente a ação de Deus na minha vida.
- ☐ Eu estou na caminhada, pois recebi ou presenciei uma cura física pela oração.
- ☐ Eu estou na caminhada, pois na Igreja fui acolhido, encontrei amigos verdadeiros, sou amado e respeitado.
- ☐ Eu estou na caminhada, pois os ensinamentos bíblicos têm-me conduzido a uma vida melhor na família, na sociedade e comigo mesmo.
- ☐ Eu estou na caminhada, pois tive um experimento místico extraordinário.
- ☐ Eu estou na caminhada, pois há uma forte tradição na minha família.
- ☐ Eu estou na caminhada, pois Jesus Cristo é o Filho de Deus.

Agora, dirijo-me aos que não creem: supondo que você "não" tenha perseverado ou simplesmente não creia na realidade espiritual, assinale os motivos de seu abandono da fé. Pode-se escolher mais de uma alternativa.

- ☐ Não tenho prazer em rezar, em ir à igreja.
- ☐ Não gosto de estruturas e ritos.
- ☐ As pessoas que participam da Igreja e se dizem de fé erram muito mais do que eu.

- ☐ Não acredito em milagres.
- ☐ Estou magoado com este Deus que não houve minha oração, não cura minhas doenças nem resolve meus problemas.
- ☐ Não me sinto acolhido.
- ☐ Não entendo a Bíblia e/ou a doutrina.
- ☐ Não sinto falta de rezar ou de ter uma prática religiosa.
- ☐ Tenho uma vida boa e equilibrada, e não preciso do ensinamento bíblico para ser feliz.
- ☐ Não creio na ressurreição.

Agora, para terminar a atividade, volte às suas respostas e identifique se segue sua fé com o objetivo de ter ganhos racionais e/ou emocionais. Veja se, nas suas respostas, existe um gostar ou não gostar, um sentir ou não sentir, um entender ou não entender. Avalie o quanto a sua fé é forte ou frágil. Será forte se estiver embasada na ressurreição de Cristo muito mais do que em entender, sentir, ver ou perceber. Será frágil se estiver embasada no contrário. Já você, que porventura não crê, isso é uma convicção ou uma fragilidade emocional? Você não crê porque não gosta, não entende, não se sente bem, acha tedioso, sem graça?

Atividade 2

Vamos fazer uma oração de gratidão aos que vieram antes, aos que mantiveram a chama da fé para que chegasse até nós, começando por aqueles que aceitaram morrer, mas não negaram o que viram e ouviram, passando pelos testemunhos da fé, reconhecidos ou não. Uma oração de gratidão aos cristãos anônimos que conservaram viva a chama da fé. Lembre-se agora de quem lhe transmitiu a fé, pais, padrinhos, amigos, catequistas, e faça uma oração de gratidão a Deus por eles.

Eu sou grato por Jesus Cristo Ressuscitado.
Eu sou grato pelos primeiros cristãos.
Eu sou grato pelos mártires e santos.
Eu sou grato pelos primeiros apóstolos.
Eu sou grato por todos os que testemunharam o Ressuscitado.
Eu sou grato _____.
Eu sou grato _____.
Eu sou grato _____.
Eu sou grato _____.
Eu sou grato _____.
Eu sou grato _____.
Por tudo isso, obrigado, meu Deus!

CAPÍTULO 4

OS DOIS CAMINHOS

Mais à frente lhe daremos um caminho para uma vida cheia de milagres, mas, por hora, é preciso decidir. Você tem dois caminhos. Só um dá acesso às promessas.

A vida humana leva a um mesmo fim: a morte, e ninguém escapa dela. Há muitas formas de viver, e o fim é o mesmo para todos.

Sob a ótica da fé, essencialmente são dois caminhos. Você tem um caminho onde tudo se explica, onde tudo é logica e ciência humana, onde não existe realidade espiritual e, portanto, não há Deus, nem fé, nem crer, nem nada que a ciência já compreendeu, ou que acha que pode entender um dia; onde somos peças soltas no caos, onde não há missão, propósito, transcendência, vida eterna.

Há outro caminho que leva ao mesmo fim inevitável, mas onde você não está sozinho, pois nele há a promessa de que toda renúncia, todo bem feito, mesmo que no escondido, serão recompensados; há a crença de um propósito na vida e uma missão, em que se pode confiar que coisas extraordinárias acontecem. Qual você escolhe?

No primeiro caminho, é mais ou menos assim: você está com dificuldade financeira, buscando trabalho, daí se esforça e o trabalho aparece. Por que apareceu esse trabalho? Porque o mercado estava precisando, porque você correu atrás, porque estava no lugar certo e na hora certa... E, se não surgir um trabalho, é porque teve um azar danado.

No segundo caminho é assim: você está com dificuldade financeira, então, ora a Deus para que lhe dê o "pão nosso de cada dia" e, cheio de confiança, busca trabalho, esforça-se e consegue uma vaga. Por que apareceu esse trabalho? Porque Deus é providente, porque, ao sair para buscar trabalho, ele viu que você realmente queria. E, mesmo que não surja um trabalho, Deus continua sendo providente, pois a providência não falha. Ele está agindo.

No caminho 1, se temos doenças, tratamos com médicos e remédios.

No caminho 2, se temos doenças, tratamos com médicos, remédios e oração. Oferecemos nosso sofrimento pela conversão do mundo, pedimos misericórdia a Deus por nós, vemos sentido no sofrimento e crescemos com ele. Até na doença e no modo como nos portamos nela, estamos dando um testemunho para quem nos observa.

A fé é acima de tudo uma decisão; ela nos apresenta um modo de viver, algo em que acreditar. A fé entra pelo ouvido, diz São Paulo, ou seja, ela é algo que aprendemos, que nos foi entregue e por meio do qual somos convidados a viver.

Sim, SOMOS CONVIDADOS A VIVER PELA FÉ.

Nossa cabeça, nossas decisões, nosso modo de entender o mundo, têm que ter na fé a sua regra. Nossa racionalidade muda quando aceitamos o componente da fé. Somos lógicos e racionais, sim, mas este componente da fé faz com que fatores diferentes entrem na equação da nossa vida.

Decidir-se pelo caminho da FÉ e abraçar a verdade, que muitas vezes também não entendo, e viver dela, a partir dela, agir por ela, concluir segundo ela, é ter a palavra e a doutrina como opções sobre como ver e entender o mundo.

Ou se crê na realidade espiritual ou não se crê. Qual é a sua escolha?

Se optou por crer na realidade espiritual, há mais uma escolha a fazer: ou você tem Deus como O ARTISTA ou não tem Deus.

Se optou por Deus como Criador, artista e Pai, então chegou para você um tempo de decisão, de mudança. Vale a pena repetir: se você crê em Deus, então tem de aceitar o que ele revelou, a forma como o criou e viver como ele ensinou. Não se pode ficar inventando. Não fomos nós que o criamos, foi ele quem nos criou.

Não fomos nós que inventamos a Deus. Por isso que nos mandamentos da Lei de Deus, citados no Antigo

Testamento, está: "Não dizer o nome de Deus em vão" e "Não criar figuras erradas de Deus". A imagem aqui referida não é a de uma estátua, uma representação gráfica, uma figura, um quadro, uma arte. Há quem afirme que não podemos construir estas coisas. Na verdade, o que não podemos é "criar imagens erradas" de Deus. Deixar a nossa pobre e limitada cabeça criar um deus como achamos que é ou deveria ser.

- No Antigo Testamento, Deus pede que seja feita a imagem dos anjos para colocar sobre a Arca da Aliança, e tudo certo.
- Mandou fazer até imagem de uma serpente para que os picados por cobra, ao olharem-na, ficassem curados, e tudo certo.

Mas, quando os judeus fizeram um bezerro de ouro para adorar, então houve pecado e Deus condenou o ato. Por que condenou? Porque eles criaram um deus errado no "ser", na essência. E o adoraram. Adorar também significa obedecer; aí está a gravidade da idolatria. Adorar um falso deus é seguir quem sabe menos, quem inventamos, quem nos convém.

Sem dúvida, esse é um pecado muito comum nos dias de hoje: criar deuses. A todo momento estamos confrontando Deus e seus ensinamentos em uma insistente ideia de que "sei mais do que ele, por isso faço as minhas regras". Sendo assim, isso eu sigo e isso não, isso acho legal, mas essa outra prática não. Pensa-se:

- Dos 10 Mandamentos, concordo e ficaria apenas com 6.
- Com isso de ter que perdoar, eu concordo, mas só se forem pessoas amigas ou da família. Pois, perdoar os inimigos, fazer bem a quem me odeia, aí já não dá...
- Eu concordo com não matar, mas, quando é só um feto, que nem nasceu ainda, aí já acho exagero não poder livrar-se dele.
- Não roubar? Se o governo gasta mal, então, posso roubar também, e acho que é isso aí.

Essa mania já vem do início, está lá no Gênesis, quando é narrado que Eva já se queria dizer mais sabida que Deus. Deus disse: "Não coma do fruto da árvore do meio do jardim". E ela foi lá e comeu. Como que em um pecado das origens, uma egolatria (adoração de si mesmo): "SEI MAIS DO QUE ELE. EU QUE SEI O QUE É BOM PARA MIM". E Adão, mesmo sabendo da proibição de Deus, aceitou o fruto que Eva deu para ele, realizando a primeira idolatria (adoração de ídolo) da história: "SE A EVA DIZ QUE É BOM, VOU ACEITAR O FRUTO. OBEDECEREI À EVA E NÃO A DEUS. ELA SABE MAIS DO QUE DEUS".

E, então, qual sua decisão? Só há dois caminhos: crer e, então, assumir o pacote todo ou não crer. Se você afirma que crê, pare de criar deuses a sua imagem, comece a procurar saber o que Deus deseja de você e viva a sua palavra revelada.

Para tomar essa decisão, não é pré-requisito ter uma vida exemplar. No entanto, ter uma vida exemplar tem como pré-requisito crer. Então, não importa que vida você está levando hoje, se tem erros, pecados e se nem sabe como se desvencilhar deles. Importa crer e decidir: A PARTIR DE HOJE, CREIO E PASSAREI A VIVER A PALAVRA DE CRISTO. O que vem depois é com ele. Primeiro a fé, depois a conversão. Se quiser fazer o contrário, a probabilidade é grande de não conseguir.

Repetindo: primeiro crer, depois aceitar a ajuda dele para mudar.

Afinal, "quem começa periga terminar...", dizia seguidamente Padre Ângelo Tronca.

Um primeiro passo para crescer na fé é vencer as objeções.

Nossa mente é tão cheia de "como?" e "por quê?" que seguidamente nos perdemos em perguntas sem respostas, diante das limitações da nossa própria intelectualidade. Acabamos por criar OBJEÇÕES. Essas dúvidas vão minando nosso "sistema de crenças" e nos levando a esvaziar o poder da fé.

Veja a seguir um ensinamento proveniente da profissão de vendedor.

Um dos grandes empecilhos no trabalho de vendas são as objeções. Quando trabalhamos com treinamento de jovens vendedores, é muito comum nos depararmos com aqueles que não conseguem vender, pois não acreditam no produto, na sua eficácia. Outros avaliam o produto como muito caro e, também, por esse motivo não conseguem negociá-lo. E, cá entre nós, não precisa ser nenhum *expert* para saber que vendedor que acha o produto caro e ruim dificilmente o comerciará.

Podemos dizer, então, que a OBJEÇÃO não está no cliente que compra, mas no vendedor. Clientes têm dúvidas e questionamentos, têm pontos de vista diferentes. Já OBJEÇÕES são aquelas dúvidas que surgem nos clientes e que ressoam no vendedor, por estarem mal resolvidas.

Por exemplo, você, como cliente, vai comprar um relógio e o acha muito caro. Isso é dúvida ou objeção? Vai depender do vendedor, pois, se ele está convencido de que o preço é justo, então, é uma dúvida do cliente com a qual ele saberá lidar. Se o vendedor também acha caro o relógio, aí é uma objeção à venda. Portanto, as objeções estão dentro de cada um, e não fora. Quando isso ocorre, gostamos de pôr, junto ao jovem vendedor, alguém com mais experiência, que já tenha vivenciado mais os processos de venda e conheça melhor o produto, e, com o tempo, o mais novo vai aprendendo a confiar em quem sabe mais. Passa pela cabeça do jovem vendedor: "Eu acho caro, mas meu colega, que é mais experiente no ramo e entendido, garante que é uma ótima compra e, como sabe mais do que eu, confio nele".

Quem sabe mais do que eu, se houver credibilidade, tem a habilidade de desmanchar minhas objeções internas sem que eu precise entender tudo e de tudo.

Na fé também é assim: há muitas situações no caminho de Deus que nos parecem difíceis de aceitar, de entender, com as quais não concordamos, e isso cria dentro de nós muitas OBJEÇÕES, nos faz travar. Então, somos tentados a opinar, a dizer que concordamos parcialmente, que faríamos diferente. É como um vendedor que não entende nada de carros e que acha que pode negociar uma Ferrari zero-quilômetros por um valor semelhante a qualquer outro carro, pois a Ferrari também tem só quatro rodas.

A saída é simples: assim como os vendedores são orientados a confiar em quem tem mais tempo de "casa", a dirimir suas objeções, acreditando em quem sabe mais, bem como a pesquisar e buscar a fonte, na fé temos também que nos reconhecer incapazes de entender Deus, de saber mais do que ele, aceitando o que ensina, porque ele é quem sabe mais.

Quais são suas objeções à fé, à Palavra, aos mandamentos? Com o que não concorda na doutrina, nas práticas religiosas? Reconheça, agora, que há alguém que sabe mais do que você e que essas dúvidas com o tempo terão uma resposta, mas agora simplesmente creia em quem sabe mais.

Muitas vezes me dizem: "Padre, não acredito mais na Igreja. Não acredito em Deus. Não acredito em Jesus, porque teve um católico que me escandalizou". E eu sempre digo: "Isso deveria aumentar sua fé, e não diminuir. Essa pessoa que o escandalizou, fez aquilo que Jesus pediu?". "Não, padre, justamente ela fez o contrário." "Então, você deve aumentar a sua fé, porque, quando se faz o que Jesus pede, o escândalo não ocorre. Aconteceu justamente porque não se estava seguindo Jesus."

Nossa fé é na pessoa de Jesus, não em seus seguidores.

Por que os santos marcaram a história e impactaram o mundo? Porque seguiram Jesus. E outros provocaram escândalo porque não seguiram Jesus.

Os santos e os fiéis "realmente fiéis" são fonte inspiradora para dirimir toda objeção à fé. São os "irmãos mais velhos" que viveram o ensinamento.

Vamos a mais uma metáfora: um pintor produz um belo quadro, e os discípulos desse artista vão fazendo cópias desse quadro, falsificando-o. Pintam o quadro de maneira errada, adaptada. Uma cópia malfeita indica que o artista da peça original é ruim?

Os discípulos de Leonardo Da Vinci eram iguais a ele? Você olha a obra do discípulo de Leonardo Da Vinci e diz: "Leonardo Da Vinci não era um bom pintor; olha como seu discípulo pinta mal". Você está desprezando Leonardo Da Vinci porque um dos discípulos dele é relaxado. Devemos avaliar a obra pelo artista principal e pelo bom discípulo que usou a mesma técnica, que a repetiu bem, que foi para a aula, prestou atenção, seguiu as regras. Claro que nunca será como o mestre, mas ele evidenciará o valor desse mestre.

Usando a metáfora do artista que ensina seus discípulos na fé, os bons discípulos são os santos, e o que escandaliza é o relaxado. No entanto, a figura central é o artista, e não o discípulo. Por isso que a nossa fé é em Jesus Cristo, e não no padre, na freira ou no fiel.

E vale a pena acreditar.

Atividade 1

Tente lembrar e liste as pessoas que abalaram sua fé ou o escandalizaram: pais, professores, amigos, religiosos, enfim, todas as pessoas que de uma forma ou outra o fizeram desacreditar de Deus. Em seguida, faça uma oração de perdão e uma renovação da sua fé em Jesus Cristo.

Eu perdoo_____ por ter-me desanimado na fé e reafirmo que Jesus Cristo é o centro da minha fé. (Repita esta frase a cada nome que for lembrando.)

CAPÍTULO 5

FÉ, UMA VIRTUDE QUE TEM TAMANHO

Uma peculiaridade da fé é que ela tem tamanho, podendo ser pequena ou grande. Pequenos passos na fé derrubam objeções, fazendo-a crescer cada vez mais. Ao mesmo tempo que pequenos deslizes fazem-na diminuir.

Jesus fala sobre isso ao citar o pequeníssimo grão de mostarda, por exemplo:

> [20]Jesus respondeu-lhes: "Por causa de vossa falta de fé. Em verdade vos digo: se tiverdes fé, como um grão de mostarda, direis a esta montanha: 'Transporta-te daqui para lá', e ela irá; e nada vos será impossível" (Mt 17,20).

Contudo, na vida é assim: primeiro vem o acreditar, depois o aderir, em seguida o entender e, então, vem o testemunhar.

Vamos avaliar o tamanho da sua fé? Assinale uma das alternativas:

☐ Acredito na existência de Deus, mas não vivo o que ele pede.

- ☐ Acredito e vivo a Palavra de Deus; é desafiante, pois não entendo por que tem que ser assim.
- ☐ Acredito, vivo e entendo que o que Deus me pede é o melhor, e já estou colhendo muitos frutos da minha vivência de fé.
- ☐ Acredito, vivo, entendo e testemunho, com segurança interior inabalável, que Deus existe e que segui-lo é o melhor.

Pontuação: fica por sua conta fazer uma avaliação, porém, se assinalou alguma alternativa que pareça representar uma fé pequena, persevere; este é o segredo para a fé crescer. Viva a fé, pois ela funciona mesmo...

Em uma grande tenda de circo, o trapezista desafiou a plateia a dizer se acreditava que ele poderia pular de uma grande altura, lá do topo de uma escada, dentro de um barril de água. Fora alguns céticos que ficaram calados, a grande maioria gritava: "Acreditamos, sim". Ele realizou o salto e o pulo foi glamoroso. Em um segundo momento, o artista desafiou a plateia novamente a dizer se acreditava que ele pularia outra vez, agora levando uma pessoa a suas costas e saindo ambos molhados, mas ilesos do salto no barril. Todos, muito céticos e assustados, se calaram, e apenas um homem gritou forte: "Eu acredito!". O trapezista sorriu e disse: "Então venha até aqui e suba nas minhas costas que vamos pular".

A fé de quem testemunha é maior do que a daquele que apenas acredita. Se existe adesão, haverá o experimento e o entendimento.

A fé se alimenta da própria fé.

No início depositamos muita credibilidade em quem nos fala sobre a Palavra e sabe mais do que nós. Com o tempo, a fé alimenta a si mesma e nos tornamos testemunhas.

Veja o tamanho da fé de Paulo, ao afirmar que nada o afastaria da verdade de que Jesus é o Filho de Deus:

> ³⁵Quem nos separará do amor de Cristo? A tribulação? A angústia? A perseguição? A fome? A nudez? O perigo? A espada? [...] ³⁷Mas, em todas essas coisas, somos mais que vencedores pela virtude daquele que nos amou. ³⁸Pois estou persuadido de que nem a morte, nem a vida, nem os anjos, nem os principados, nem o presente, nem o futuro, nem as potestades, ³⁹nem as alturas, nem os abismos, nem outra qualquer criatura nos poderá apartar do amor que Deus nos testemunha em Cristo Jesus, nosso Senhor (Rm 8,35.37-39).

Atividade 1

Quem você acha que tem mais facilidade de acreditar no valor da castidade?

☐ Um jovem, que vê o mundo criticar a castidade.
☐ Um adulto, que, vivendo a castidade em sua juventude, colheu os frutos do equilíbrio, da fidelidade, e que, portanto, é mais feliz.

Quem você acha que tem mais facilidade de acreditar no valor da prática religiosa?

☐ Alguém que vai à missa sem entender bem o que está praticando.
☐ Alguém que já experimentou a Deus na Eucaristia e sabe que ali pode reabastecer suas forças para a caminhada.

Então é assim: "Se creres, verás a glória de Deus" (Jo 11,40). Faça a experiência, confie, viva e proclame sua fé como quem já crê. Verá, então, a fé crescer em você.

Atividade 2

O que é difícil para você na fé? Quais são as coisas, situações, mandamentos, verdades que ainda não consegue ou que não entende por que tem que vivê-los. Faça esta lista se lembrando dos preceitos da fé. Em oração, apresente a Deus suas limitações, peça ajuda e reafirme: EU ACREDITO EM QUEM SABE MAIS DO QUE EU. VOU VIVER SUA PALAVRA, SEUS MANDAMENTOS, MESMO QUE NÃO OS ENTENDA. EU CREIO, SENHOR, MAS AUMENTA A MINHA FÉ.

Atividade 3

Veja agora o quanto já evoluiu, em quantas coisas não acreditava e que hoje percebe que são o melhor para você. Note que os conselhos que recebeu em sua juventude, com alguma revolta, agora estão fazendo bem mais sentido. Seja grato por sua evolução na fé e se comprometa a ser testemunho da verdade.

Diagnóstico da fé: aprendemos, neste capítulo, que a fé pode ser maior ou menor, e que ela cresce conforme a praticamos. Temos uma sequência a seguir: acreditar, viver, entender e testemunhar. Em cada sentença, assinale a que mais se encaixa em sua vivência hoje:

	Acredito	Vivo	Entendo	Testemunho
Jesus como Filho de Deus				
Os 10 Mandamentos da Lei de Deus				
Vida cristã				
Vida sacramental				

Ao olhar este quadro, como avalia sua fé e quais atitudes concretas acha que pode tomar para aumentá-la?

CAPÍTULO 6

2 + 2 = 4, MESMO QUE TODOS DIGAM O CONTRÁRIO

Este capítulo se iniciará com um teste. Assinale a alternativa que lhe parecer melhor:

☐ Você chega à sala de aula e o professor está à porta, acolhe-o com um abraço e um sorriso e diz: "Que bom que chegou! Você é um aluno inteligente e muito especial". Já na sala ele pergunta sobre sua família, seus pais, oferece-lhe um lanche; e o ensina que 2 + 2 = 5.

☐ Você chega à sala de aula e o professor não o recebe à porta, não o acolhe com carinho nem pergunta sobre sua família. Também não lhe oferece lanche; e o ensina que 2 + 2 = 4.

E 2 + 2 será 4, mesmo que mil pessoas digam que é 5. A verdade não participa de pesquisa de opinião.

Certamente, por estar lendo o livro e já ter entendido aonde queremos chegar, você assinalou a segunda alternativa. A situação em que prevalece a verdade, mesmo sem tantos ganhos pessoais. Só que, em geral, não fazemos assim. Quantos avaliam a vida pela busca do que é mais acolhedor e não do que é verdadeiro! Podemos ver que, inclusive, na questão da fé, das religiões, as pessoas dizem: "Eu mudei para aquela igreja porque lá fui bem acolhido".

Claro que a situação ideal seria o professor ser acolhedor e ensinar corretamente. Se houver acolhimento e verdade, melhor. Só que, entre acolhimento e verdade, fique com a verdade. Entre bem-estar e verdade, entre emoção e verdade, entre conveniência e verdade, entre respeito humano e verdade, entre vida e verdade, fique sempre com a verdade. Assim como os mártires, que deram a vida pela verdade que é Cristo.

Jesus mesmo, na Palavra, é quem nos ajuda a diferenciar a realidade humana, que é palpável, perceptiva e emocional, da realidade espiritual. Veja se consegue se lembrar desta passagem bíblica, em Marcos, capítulo 2: um grupo de amigos de um paralítico, devido à dificuldade de chegar até Jesus, que estava pregando a Palavra dentro de uma casa, sobe nessa casa, abre-lhe o telhado e, com cordas, desce o amigo doente e o coloca na frente de Jesus. Jesus elogia a ação dos amigos e diz ao paralítico: "Teus pecados estão perdoados".

O paralítico não andou, não se mexeu, e quem olhava a cena não conseguiria, nem que quisesse, avaliar se aquilo que Jesus fez, que foi perdoar-lhe os pecados, realmente aconteceu.

"Pode alguém perdoar pecados?", questionam os judeus, e, então, a resposta: "'Para que saibais que eu posso perdoar os pecados', disse Jesus ao paralítico, 'levanta-te, pega teu leito e volta para casa'". Aqui vemos a distinção entre as dimensões do ser humano: espiritual e corporal.

Realidade espiritual: "Teus pecados estão perdoados". Não é algo que possa ser percebido, entendido, pesado, comprovado. É fé pura. Só se pode aceitar isso se houver credibilidade em quem fala, podendo ou não gerar alguma emoção e bem-estar.

Realidade corporal: "Levanta-te e anda". O corpo curado gera emoção, bem-estar, sentimentos de vitória e euforia; é um sinal de Jesus para provar que ele perdoa pecados. Algo visível para comprovar o invisível.

A fé dos amigos em levar o paralítico a Jesus até que foi um tanto racional, pois acreditaram que Jesus podia e sabia mais do que eles. É decisão, é ação. A lógica foi: se Jesus curou a outros, curará também nosso amigo.

É um texto magnífico para percebermos o quanto andam juntas as dimensões do ser humano, que o fazem ser um, porém, com diferentes entendimentos em cada área. E eis uma grande chave para o poder da fé: quando alinhamos o que pedimos a Deus com o que somos, pensamos, falamos, desejamos, nos movemos, agimos, é que os milagres acontecem.

***

Com minha experiência em neurociência e inteligência emocional, comecei a perceber o quanto as pessoas se deixam influenciar por seus estados emocionais, tanto para o lado do bem como para entrar em situações difíceis. Buscamos esse conhecimento para nos alavancar em coisas boas, como o equilíbrio emocional. Esse conhecimento também é válido para nos proteger de eventuais armadilhas que a emoção costuma nos levar a cair. Somos seres racionais, emocionais e espirituais, temos de entender cada uma destas áreas e separá-las, pois isso pode ser manipulado e usado para vender-nos uma falsa credibilidade.

Entenda algo de uma vez por todas: não podemos usar os ganhos ou as perdas emocionais para avaliar a realidade espiritual, nem, muito menos, usar fórmulas racionais e científicas para medir a realidade espiritual, simplesmente, porque são campos diferentes, porém, complementares.

Não podemos avaliar a credibilidade de uma fé a partir da emoção – lembre-se da metáfora do ônibus usada no início do livro –, por mais que a fé possa nos levar a momentos de emoção, levar-nos às lágrimas etc.

Não podemos entrar em um ônibus que nos leve para o lugar errado só porque é mais emocionante e prazeroso.

Reconhecemos que o ser humano é emocional, e vemos que Jesus também deu atenção para as demandas emocionais do povo, como foi citado no milagre do perdão dos pecados e na cura do paralítico perdoado.

Os sacramentais são isso: querem tornar visível, sensível, algo que não é. A água benta quer tornar visível a graça invisível, por exemplo. O crucifixo na parede, além de nos ajudar a lembrar do amor de Cristo, que deu a vida por nós, quer tornar visível que aquele local é consagrado a ele. Um rosário no automóvel quer tornar visível a proteção divina despendida aos filhos de Deus.

Voltando à passagem do início deste capítulo, quando Jesus perdoou os pecados do paralítico:

- O paralítico andou? Não.
- Ficou mais leve? Não.
- Ficou mais bonito? Não.
- Ficou mais feliz? Pode ser que sim, pode ser que não.

Não importa leveza, beleza, simpatia; o que importa é que, pela credibilidade de Jesus, por ser Filho de Deus, o paralítico teve perdoado seus pecados. E, pela incredulidade das pessoas, ele fez um sinal visível para provar algo invisível: "Para que saibais que o Filho de

Deus pode perdoar os pecados, eu te ordeno [paralítico]: 'levanta-te e anda...'".

Por esses exemplos e milagres que Jesus realizou, começamos a ver o quanto se pode usar o visível e o sensível para comprovar o invisível. Mas o que sinto e vejo pode me levar também a "conclusões erradas" sobre o que é invisível, ou seja, o lado espiritual.

Acompanhe e tire suas conclusões; o assunto é ácido, mas necessário.

Alguém está passando por um grande sofrimento familiar e procura aconselhamento em diferentes representantes de doutrinas espirituais. Recebe conselhos, acolhe-os, executa tudo o que foi sugerido e chega a conclusões. Hipóteses:

1. Um indivíduo vai participar da doutrina A (doutrina religiosa ou não), narra sua situação e recebe o conselho de perdoar o pai e se reconciliar com ele. Volta para casa, executa a ação, sente-se muito bem, passando a se sentir mais livre, a dormir melhor; até suas dores de cabeça somem. Conclusão do indivíduo: "Minha vida mudou, então, a VERDADE está na doutrina 'A'".

2. Um indivíduo vai participar da doutrina B (doutrina religiosa ou não), narra sua situação e recebe o conselho de perdoar o pai e se reconciliar com ele. Volta para casa, executa a ação, sente-se mui-

to bem, passando a se sentir mais livre, a dormir melhor; até suas dores de cabeça somem. Conclusão do indivíduo: "Minha vida mudou, então, a VERDADE está na doutrina 'B'".

3. Um indivíduo vai participar da doutrina C (doutrina religiosa ou não), narra sua situação e recebe o conselho de perdoar o pai e se reconciliar com ele. Volta para casa, executa a ação, sente-se muito bem, passando a se sentir mais livre, a dormir melhor; até suas dores de cabeça somem. Conclusão do indivíduo: "Minha vida mudou, então, a VERDADE está na doutrina 'C'".

Pergunta: o bem-estar gerado por uma reconciliação, pelo perdão concedido, pela retomada de diálogo e amizade, pelo abraço dado, assim como os ganhos consequentes desta ação, podem ser considerados válidos para dar "credibilidade" a uma religião ou doutrina? Claro que não.

Esse "bem-estar" gerado com o perdão é um ganho:

☐ Emocional?
☐ Espiritual?

Certamente é emocional.

Não posso usar experimentos e ganhos emocionais para avaliar a veracidade da vida espiritual.

> Emoção, sentimento, bem-estar, é uma coisa.
> Verdade espiritual, é outra.

Perceba como temos pagado caro por nosso analfabetismo emocional, pois é muito fácil manipular a emoção.

E vamos além: pode-se, inclusive, chegar à conclusão de que nem sequer a realidade espiritual existe, pois o indivíduo procurou auxílio para sua demanda familiar não em doutrinas, mas em um competente profissional, um terapeuta, por exemplo. Ele igualmente diz para perdoar o pai. O indivíduo vai para casa, executa a ação, sente-se muito bem, passando a se sentir mais livre, a dormir melhor; até suas dores de cabeça somem. Conclusão: para que Deus? A "ciência" resolve tudo.

Ao longo da história, quem concluiu que religião se destinava apenas a trazer uma vida melhor ao ser humano nesta dimensão temporal, quanto mais culto e ligado à ciência, mais ateu foi ficando.

- Para que Deus? Se hoje a ciência explica os fenômenos naturais.
- Para que Deus? Se temos planos de saúde, médicos e remédios poderosos.
- Para que Deus? Se temos psicologia, neurociência e psicotrópicos.

- Para que Deus? Se temos tecnologia, entretenimento e alimento em abundância.

Mas vamos pensar um pouco: uma vida de bem-estar atesta a inexistência da realidade espiritual? Ou alguém que crê e está passando por dificuldades na vida invalida esta realidade? Jesus nunca disse que o paraíso seria neste mundo, embora estar com ele não signifique escassez nesta vida.

"Eu vim para que todos tenham vida, e vida plena."

Figura famosa, o filósofo alemão Nietzsche dispara: "Deus está morto".

O filósofo parece seguir a ideia de que Deus está para este mundo, para esta realidade apenas. E, se nesta realidade temporal em que vivemos, tudo se resolve sem Deus, então para que a figura dele?

Meus amigos, espero que até aqui tenha ficado claro que Deus está para a vida em abundância, aqui e depois daqui.

Tomara que você tenha entendido que só chegamos a Deus porque ele quis assim se revelar, e o fez com Cristo.

Tomara que tenha entendido que a realidade emocional, a racional e a espiritual são diferentes.

A filosofia, então, nos ajuda a estruturar a razão; a psicologia, a mente, as emoções; a medicina, o corpo. E o espiritual?

O autor da razão, da emoção, do corpo, da matéria, este que sabe mais do que eu, revelou a verdade espiritual.

A fragilidade de uma fé baseada em experimentos emocionais é exatamente esta:

- E quando a fé pede um perdão que não faz você se sentir bem, como o pedido cristão de perdoar os inimigos?
- E o conselho evangélico de fazer bem a quem o odeia?
- E a renunciar ao que lhe dá prazer?

Isso contraria nossos sentimentos, podendo até nos debilitar emocionalmente. E aí?

Você toma coragem, vai até seu inimigo e o perdoa. Mas, adivinhe, você sai de lá se sentindo mal, humilhado, injustiçado, emocionalmente abalado. Qual sua conclusão? Que essa doutrina que frustra a emoção não tem fundamento. Há aqui, no caso, uma conclusão espiritual com base em valores emocionais.

Mas ela tem fundamento, sim. O fato é que você misturou tudo: emocional e espiritual.

No fim das contas, as pessoas estão, portanto, fugindo da verdade que dói e entrando, dessa forma, em ônibus confortáveis que levam a destinos indesejados.

O emocional faz parte do ser humano. Na própria Bíblia há muitos ensinamentos para que sejamos equilibrados emocionalmente, mas não é isso que define a fé. A Bíblia, como gostamos de dizer, é um manual para todas as pessoas e a pessoa toda: corpo, mente e espírito – então, ela ensina sobre tudo isso. E, ao bem-viver do corpo e da mente, até podemos chegar por outras vias, como a ciência. Mas, quando se trata da parte espiritual, somos como antenas receptoras, e, se Deus não se revelasse e se dele não viesse a verdade, nada de preciso saberíamos sobre a realidade espiritual. Porque a fé está embasada na revelação, ou seja, naquilo que Cristo nos ensinou.

Na passagem: "Deus faz chover sobre justos e injustos" (Mt 5,45), fica claro o quanto temos ganhos pessoais em viver bem, tendo fé ou não; o quanto Deus nos capacitou a ter uma vida digna, mesmo ignorando sua existência. Para isso, basta sermos éticos, responsáveis, cuidarmos bem do nosso corpo e do nosso emocional, sermos esforçados no dia a dia etc. Sim, é verdade, tudo o que Deus nos deu, independentemente do conhecimento dele, tudo o que está disponível em nós e para nós, pode nos conduzir a uma vida muito boa. Não plena nem completa, mas boa.

De fato, um ateu que é bem instruído, equilibrado e responsável poderá "nesta terra" ser bem mais feliz que um cristão desinformado, sem estrutura emocional e racional adequada. Porém, não paramos por aqui, pois somos transcendentes, e aí a situação muda. Nosso tempo aqui nesta terra é rápido e fugaz, por isso Deus quis se revelar e apresentar, a partir de Jesus, a realidade espiritual. E, em Jesus, quis nos dar acesso a esta vida eterna com ele.

Deus quer salvar todas as pessoas e a pessoa toda; por isso, nosso constante esforço para entregarmos o melhor no nível humano e vivermos o melhor no nível espiritual.

Olhe este desafio: o ser humano tem, então, estas múltiplas inteligências, a racional (QI), a emocional (QE) e a espiritual (QS). Veja se o texto a seguir o ajuda a entender ainda mais o que estamos tratando aqui e para que, de uma vez por todas, você possa separar em sua mente o que é racional, emocional e espiritual. Usando exemplos de sacramentos católicos, queremos ajudá-lo a entender profundamente a questão.

Situação 1: Vou ao confessionário para receber o sacramento da Reconciliação; lá narro meus pecados e me mostro arrependido. O sacerdote me dá um ótimo aconselhamento, fico emocionado com suas palavras, recebo a absolvição dos meus pecados e saio de lá leve e feliz, realmente me sentindo perdoado.

Pelo narrado acima:

- Há ganhos racionais? Claro que sim, o aconselhamento do sacerdote.
- Há ganhos emocionais? Claro que sim, pois sinto-me leve, feliz e perdoado, emocionado por estar perto de um santo homem.

- Há ganhos espirituais? Claro que sim, pois narrei meus pecados com arrependimento e recebi a absolvição.
- Esse sacramento é válido? Claro que sim.

Situação 2: Vou ao confessionário para receber o sacramento da Reconciliação, lá narro meus pecados e me mostro arrependido. O sacerdote não me dá aconselhamento nenhum. Recebo a absolvição dos meus pecados, mas saio de lá meio pesado, triste até, parecendo que o sacramento não mudou muita coisa em mim.

Pelo narrado acima:

- Há ganhos racionais? Claro que não, não houve aconselhamento.
- Há ganhos emocionais? Claro que não, pois continuo triste. Fiquei até um pouco indignado com a postura do padre, que não me dirigiu aconselhamento nenhum.
- Há ganhos espirituais? Claro que sim, pois narrei meus pecados com arrependimento e recebi a absolvição.
- Esse sacramento é válido? Claro que sim. Pois, apesar de não haver ganhos racionais nem emocionais, houve ganho espiritual. Lembrando: a realidade espiritual só pode ser alcançada pela fé. Creio ter sido perdoado, não porque entendo,

aprendi ou senti, mas porque cumpri o que a Igreja, orientada pelas palavras de Jesus, o qual sabe mais do que eu, me ensinou.

Situação 3: Vou ao terapeuta para uma sessão; lá narro meus pecados, cheio de culpa e remorso, e me revelo arrependido. O terapeuta me dá um ótimo aconselhamento, fico emocionado com suas palavras, pois meu coração se sente livre da culpa, e saio de lá leve e feliz. Realmente me sinto muito melhor, animado e disposto.

Pelo narrado acima:

- Há ganhos racionais? Claro que sim, a terapia me ensina como agir em situações semelhantes e agora sei lidar com a culpa.
- Há ganhos emocionais? Claro que sim, pois sinto-me leve, feliz e perdoado, emocionalmente equilibrado.
- Há absolvição dos pecados? Não.
- Há ganhos espirituais? Depende.
- Esse sacramento é válido? Não, terapia não é sacramento.

Vamos a outro exemplo? Caro leitor, acredito que já esteja dando-se conta de diversas situações de sua caminhada de fé. Fique tranquilo, pois, como prometemos no início deste livro, se você for até o final, haverá em sua vida um novo tempo de milagres e vida nova.

Situação 4: Vou à missa. O sacerdote faz um dos sermões mais incríveis que já ouvi, cheio de explicações bíblicas que, para mim, agora fazem todo sentido. Há cantos maravilhosos, um ambiente litúrgico acolhedor. Eu até me emocionei ao receber a Eucaristia, pois senti Jesus muito próximo de mim naquele momento. Houve bênção, Eucaristia, envio à missão.

Pelo narrado acima:

- Há ganhos racionais? Claro que sim, pois o sermão foi maravilhoso.
- Há ganhos emocionais? Claro que sim. Houve música, acolhimento, beleza litúrgica. Além disso, senti Jesus comigo.
- Há ganhos espirituais? Claro que sim, pois houve bênção, Eucaristia, envio.
- Esse sacramento é válido? Claro que sim.

Situação 5: Vou à missa. O sacerdote faz um sermão do qual, realmente, não entendi nada. Os poucos cantos executados, pelo desafino musical, me deixaram um tanto incomodado, nervoso até. Ao receber a Eucaristia, não senti Jesus próximo de mim. Houve bênção, Eucaristia, envio.

Pelo narrado acima:

- Há ganhos racionais? Sinceramente, não.
- Há ganhos emocionais? Claro que não, bem ao contrário.

- Há ganhos espirituais? Claro que sim, pois houve bênção, Eucaristia, envio.
- Esse sacramento é válido? Claro que sim. Lembrando: a realidade espiritual só pode ser alcançada pela fé. Se você crê que Jesus está na Eucaristia, então ele está. Mas, se não crê, ele está do mesmo jeito. A realidade espiritual acontece independentemente da sua fé, e, à revelia da sua vontade, você receberá benefícios; porém, deixar-se trabalhar por ela, isso sim precisa da sua permissão, do seu livre-arbítrio.

A fé não molda a realidade espiritual;
ela apenas lhe dá acesso a essa realidade.

Voltemos ao exemplo da santa missa: na ação de graças, depois da comunhão, há uma música que me ajuda a rezar, me faz chorar. Tudo bem, essa música até pode ajudar na hora de rezar, mas, se eu ficar dependente da emoção, minha fé será fraca e, no primeiro momento de dificuldade, vou fraquejar. Será que isso é fé ou emoção?

Dessa forma, qualquer falsa doutrina que tenha uma guitarra bem afinada, um cantor mais ensaiado, uma acolhida mais calorosa, uma visita a minha casa com um abraço amigável, poderá levar-me para ela. É muito fraco eu pesar, avaliar, concluir a credibilidade da minha fé pela emoção. Se coisas belas me ajudam, melhor. Senão, devo continuar na verdade.

> Não sejamos presas fáceis:
> menos emoção e mais verdade.

Quantos movimentos, iniciativas, eventos, igrejas, retiros, pregadores têm-se escorado na emocionalidade para atrair as pessoas! Alguns com boa intenção, outros nem tanto... O fato é que uma fé baseada em pilares emocionais é fraca. E, para quem domina tais ferramentas emocionais, fica fácil enganar o rebanho.

Claro que o ideal, assim como um professor acolhedor que ensina a matéria de forma correta, é que se tenha todos esses ganhos. Devemos trabalhar para conseguir atender às demandas racionais, emocionais, espirituais. São ganhos acessórios da fé. São coisas que podem ajudar a ter mais fé. No início se dá leite, depois mingau e, a seguir, uma comida mais sólida, como diz São Paulo.

> A julgar pelo tempo, já devíeis ser mestres! Contudo, ainda necessitais que vos ensinem os primeiros rudimentos da Palavra de Deus; e vos tornastes tais, que precisais de leite em vez de alimento sólido! (Hb 5,12).

> Ora, quem se alimenta de leite não é capaz de compreender uma doutrina profunda, porque é ainda criança (Hb 5,13).

Gosto muito desta metáfora de São Paulo, comparando nossa capacidade espiritual aos estágios de nossa alimentação. Os bebês são completamente instintivos, choram, fazem manha, pois estão ligados aos fatores emocionais. Para oferecer mingau ao bebê, muitas pessoas contam a história da colher que é um aviãozinho: "Olha o aviãozinhoooooo...", e a criança, entretida, abre a boca.

Mas a maturidade exigirá algo sólido. Pessoas que estão na fase da fé com exigências emocionais são naturalmente imaturas, precisam de bons diretores espirituais, bons exemplos, bons testemunhos, boas celebrações. Pessoas na fase do "mingau" já preferem um pouco mais de explicações, gostam de cursos, retiros e são mais perseverantes. Os que estão na fase do alimento sólido são maduros, enfrentam as "noites escuras da alma", como dizia São João da Cruz, e seguem firmes. Estes, após a morte, receberão um SÃO, SANTO ou SANTA na frente de seus nomes.

Você sabia que Santa Madre Teresa de Calcutá, em seus diários revelados apenas após sua morte, afirmava que, ao longo da maior parte de sua caminhada, raramente SENTIU Deus próximo a ela? Movida por uma decisão e uma fé sólida, ela acreditou e obedeceu, serviu e amou, mas raramente "sentiu".

Você sabia que São João da Cruz narra um período de total falta de sentimento e emoção na caminhada de fé, como uma caminhada em uma "noite escura da alma"; uma fase em que se crê porque está na Palavra. E por que cremos na Palavra? Porque foi Jesus Cristo quem a proferiu; aquele que, durante trezentos anos, os cristãos afirmaram ter visto ressuscitar. E há muitos que pagam por essa crença com a própria vida.

É interessante essa fé madura. Não podemos dizer que entendemos tudo o que Madre Teresa ou João da Cruz viveram; em pequeno grau, talvez. Por exemplo, quando somos mal-entendidos ao fazermos o bem; quando somos bons e justos e surgem comentários maldosos contra nós; quando somos excluídos, perseguidos, desvalorizados por declararmos publicamente nossa fé; quando amigos desaparecem...

Parece até que fomos alertados em Mateus, capítulo 5, sobre algo assim, nas BEM-AVENTURANÇAS.

> [10]Bem-aventurados os que são perseguidos por causa da justiça, porque deles é o Reino dos céus! [11]Bem-aventurados sereis quando vos caluniarem, quando vos perseguirem e disserem falsamente todo o mal contra vós por causa de mim (Mt 5,10-11).

Um amigo me narrou um momento de sua vida. Tendo descuidado de muitas coisas e de si mesmo, viu-se vítima de uma terrível doença, a depressão. Diz ele que foram anos terríveis, em que o peso do mundo recaía sobre suas costas, e nada o alegrava, nada o emocionava, nada o animava. Porém, era casado e com filhos, tinha uma família para cuidar, um trabalho a fazer. Então, não podia ceder à tentação de mais um dia na cama. Passado um tempo, e já curado desse mal, ele recorda o quanto houve oração verdadeira e profunda nesse período. Lembrou: "Quando o despertador tocava, eu sentava na cama, indeciso de sair dela, e ali ficava por alguns minutos. Depois me levantava e ia ao encontro das roupas para me vestir e poder sair para o trabalho, pois minha família dependia de mim. Não foram poucas as vezes em que fazia esta oração: 'Deus, eu não sei onde estás, não te sinto, não entendo o porquê de tudo isso que está acontecendo comigo, e não me sinto amado por ti. Porém, creio que me amas, pois está na tua PALAVRA. Eu não sinto, mas sei que sou amado por Deus'. Em seguida, rezava com força e fé a oração do Creio em Deus Pai... E ia trabalhar".

Anos difíceis, ganhos maravilhosos, e, uma vez tendo perseverado, já não se é sacudido ao sabor de qualquer vento.

Não estamos aqui desprezando ou desqualificando o emocional; muito pelo contrário. Uma das demonstrações de uma fé madura é a emoção que brota dessa mesma fé. Acordar pela manhã e se emocionar com o presente de Deus, que é o novo dia, indica uma fé forte. Comungar, tendo tanta fé na presença de Cristo na Eucaristia que até se é levado a um êxtase, é sinal de uma fé muito firme. Então, o que vem primeiro, a fé ou a emoção? Importante entender isso, pois o que vier primeiro indica maturidade ou imaturidade da fé.

Assinale a alternativa que lhe parece apontar uma FÉ mais madura.

Ao contemplar o dia:

- ☐ O dia está tão lindo e estou tão feliz hoje que só posso concluir que Deus me ama.
- ☐ Deus me ama, creio nisso, pois é uma certeza da minha fé. Isso me deixa feliz e torna o meu dia ainda mais lindo.

Ao ouvir uma canção religiosa:

- ☐ Estou tão emocionado com essa bela canção, com a voz da cantora, a beleza da letra, que concluo que Deus está agindo agora aqui.
- ☐ Deus age sempre, eu percebendo ou não. Que bom senti-lo agindo por meio dessa canção tão bela!

Mediante um milagre:

- ☐ Eu vi um milagre, uma cura fantástica acontecer na minha frente... Agora eu creio.

- ☐ Eu creio, com ou sem milagre.

    Mediante uma decisão:
- ☐ Estou frequentando outra igreja, pois lá fui mais bem acolhido, a música é melhor. Lá Jesus fala ao meu coração, eu me arrepio, me emociono.
- ☐ Eu persevero na Igreja Católica, pois, apesar de tudo, é a única fundada por Jesus Cristo.

> Então, primeiro a fé e, depois, a emoção.
> Caso contrário, seremos presas fáceis
> daqueles que sabem manipular a emoção.

Atividade 1

No momento em que crer de todo o coração que você é filho de Deus, muito além de entender e sentir, então estará perto de uma vida extraordinária. Comece a praticar ainda hoje: ore todos os dias, em voz alta, de forma decidida, a oração do Creio. Se puder fazer a oração em família, melhor ainda.

Proclame essa oração, e haverá dias em que "sentirás a paternidade de Deus", haverá dias em que se sentirá desamparado, haverá dias em que se sentirá indiferente. O fato é que esta é uma realidade espiritual, Deus é pai Todo-Poderoso. Então, pratique, creia, e verá sua fé crescer muito além da imaturidade dos sentimentalismos. COMECE HOJE!

CAPÍTULO 7

POR QUE PROLIFERAM TANTAS IDEIAS SOBRE VIDA ESPIRITUAL?

Voltando ao apóstolo Paulo, que compara nosso nível espiritual às diferentes alimentações, lembramo-nos do leite que nos reporta à sede, e sede é uma das necessidades primitivas mais fortes. Recordo-me de uma história que me contaram sobre o perigo de se ter um rebanho de animais sedentos. Conta-se que o gado, antes de desfalecer por falta de água, busca desesperadamente matar sua sede. Há relatos de animais que, no desespero de matar a sede, acabam ingerindo líquidos que, em seguida, se tornam fatais para eles. Ignorando o perigo, bebem o que aparece. Alguns morreram ao tomar líquidos fétidos e intragáveis, como petróleo, em uma época em que esse óleo não era precioso e havia poços a céu aberto. Quem cuidava do gado tinha que eliminar esses locais, pois, apesar de seu gosto horrível, cheiro e textura inadequados, quando o gado entrava em desespero, até isso ele bebia.

Quem não conhece a história de pessoas perdidas no oceano que, no desespero, tomaram a água salgada do mar com a intenção de se saciar?

Caro leitor, se temos doutrinas tão doentias e loucas neste mundo e pessoas que aderem a elas, é fácil entendermos que, quando a alma tem sede e não encontra a água viva (Jo 4), beberá do que se apresentar.

No fim das contas é isso: se existe gente bebendo porcaria, é porque quem tem a água pura não está vivendo bem, ou está fazendo pouco para testemunhá-la.

Vamos parar de criticar e passar a refletir: o que mais posso fazer para difundir a ÁGUA VIVA? No fim das contas, a VERDADE que não convence é aquela vivida como uma MENTIRA.

O corpo pede comida, bebida e descanso, e, por essas necessidades, pode ser envenenado. O racional tem suas curiosidades e busca do saber, e por isso pode ser ludibriado. O emocional tem necessidade de afeto e, por isso, pode ser enganado. O espiritual tem necessidade de Deus e, por isso, pode ser iludido.

Atividade 1

Sabendo que boa parte das pessoas hoje está na fase do "leite", é preciso ter ambientes que as ajudem a amadurecer. Temos de ter lugares que proporcionem conhecimento, emoção e espiritualidade. Temos de ter espaços que ofereçam acolhimento, humanização, amor.

O que você pode fazer para ajudá-las? O que pode oferecer para que o ambiente fique melhor? Qual é o dom que você possui e que ainda não ofereceu às pessoas para que possam usufruir dele, amadurecer e chegar a Cristo? Comprometa-se a agir.

Lembre-se: se a água verdadeira não for oferecida, a sede prevalece. E, se há pessoas bebendo o que não se deve, somos responsáveis.

Se você sente uma sede que vem da alma, onde pode buscar a água viva que é Jesus Cristo? Leia e releia esta passagem de João.

> [10]Respondeu-lhe Jesus: "Se conhecesses o dom de Deus, e quem é que te diz: 'Dá-me de beber', certamente lhe pedirias tu mesma e ele te daria uma água viva". [11]A mulher lhe replicou: "Senhor, não tens com que tirá-la, e o poço é fundo... donde tens, pois, essa água viva? [12]És, porventura, maior do que o nosso pai Jacó, que nos deu este poço, do qual ele mesmo bebeu e também os seus filhos e os seus rebanhos?" [13]Respondeu-lhe Jesus: "Todo

aquele que beber desta água tornará a ter sede, ¹⁴mas o que beber da água que eu lhe der jamais terá sede. Mas a água que eu lhe der virá a ser nele fonte de água, que jorrará até a vida eterna". ¹⁵A mulher suplicou: "Senhor, dá-me desta água, para eu já não ter sede nem vir aqui tirá-la!". [...] ²¹Jesus respondeu: "Mulher, acredita-me, vem a hora em que não adorareis o Pai, nem neste monte nem em Jerusalém. ²²Vós adorais o que não conheceis, nós adoramos o que conhecemos, porque a salvação vem dos judeus. ²³Mas vem a hora, e já chegou, em que os verdadeiros adoradores hão de adorar o Pai em espírito e verdade, e são esses adoradores que o Pai deseja. ²⁴Deus é espírito, e os seus adoradores devem adorá-lo em espírito e verdade" (Jo 4,10-24).

CAPÍTULO 8

A IMITAÇÃO DE CRISTO

Um certo homem relata: "Eu estava no presídio, era criminoso e viciado, e aquela turma me fez prosperar; a doutrina deles é a melhor". Lógico, ele antes bebia, batia na mulher e não trabalhava. O que aconteceu? Fizeram ele pensar diferente, sentir diferente, apresentaram-lhe alguns valores, um pouco de fé também, e ele parou de beber. Como consequência, parou de bater na mulher e até conseguiu um emprego. Passou a ganhar algum dinheiro, sua vida prosperou, e isso é consequência também de ter parado com a bebida. Um bom terapeuta também conseguiria esse resultado. Mas não se pode atribuir a credibilidade da fé ao fato de ele ter sido resgatado profissional e emocionalmente etc. Os valores morais e o equilíbrio emocional bem vividos resgatam o homem para viver bem essa realidade. Não de forma plena, pois falta o lado espiritual, mas sobrevive-se. Livros de administração de empresas e liderança se enfileiram, citando Jesus como o modelo pleno de líder e gestor de pessoas, mas nem por isso se diz que administração é religião. A inteligência de Cristo é considerada por renomados autores, que escrevem sobre desenvolvimento humano, como extraordinária e exemplar, e imitá-lo, portanto, é ganho certo.

O exemplo do homem perfeito, Cristo, pode nos inspirar a imitá-lo e a ter uma vida digna; ter Cristo como modelo é importante e libertador. Mas ele não é uma religião nem uma ideia. Ele é uma pessoa, e imitá-lo resolve as demandas da nossa vida, mas não nos dá o direito de fundar nada. Ele é o Senhor, e não nós.

Como já citamos, e quando a fé nos convida a seguir caminhos difíceis? A renunciar, largar alguma prática prazerosa, sair das zonas de conforto emocionais, perdoar inimigos, fazer bem a quem nos odeia, dar a outra face, morrer por quem se ama? Como fica?

Aceitamos que o melhor é fazer isso, mesmo sem entender por quê? Conseguimos, nesse caso, confiar em quem sabe mais do que nós? Entendemos que renúncia não é uma escolha, mas uma decisão que em breve provará ter sido o melhor a fazer?

O fato é que a imitação de Cristo é algo que dá certo. O termo técnico moderno é "modelagem". Modelar Cristo dá certo, muda a vida de qualquer um. Até de quem não crê. Claro que, sem fé, nem que seja ao menos aceitando o fato de que há uma realidade espiritual, cremos que beira o impossível imitar um pouco que seja do que foi Cristo. Pois, para isso, temos de ter a firme certeza de que há algo além desta nossa realidade. Porque, como a vida de Cristo mostrou, o segredo está em servir, e servir até o fim.

Atividade 1

Viva um dia fazendo imitação de Cristo e comprove como dá resultado. Aqui elencamos algumas práticas que você deve realizar para comprovar como realmente essa modelagem funciona. A regra é simples, basta eleger um dia de sua semana e realizar as práticas:

- Fazer uma pausa de 5 minutos para uma oração e ação de graças ao Pai do céu.
- Ajudar, sem esperar nada em troca, um necessitado.
- Falar da importância do amor e do perdão a alguém.
- Perdoar ou pedir perdão a alguém (visitando ou ligando e verbalizando esse perdão).
- Fazer o bem a alguém que não gosta de você. Quem sabe expressando gratidão ou fazendo-lhe um elogio.
- Conversar com um ou mais amigos sobre assuntos sérios da vida.
- Doar um pouco do seu tempo a alguma obra de caridade.

CAPÍTULO 9

O CONTRÁRIO TAMBÉM É VERDADEIRO

Dilemas do Padre Diego:

Fiel: Padre, eu rezo, rezo, rezo, rezo, e estou sempre meio adoentada. Minha vizinha, que nunca reza, está cada vez mais bonita e saudável. Por que isso acontece?

Padre Diego: Olha, pelo jeito você entende de rezar e sua vizinha, de cuidar da saúde.

Fiel: Padre, eu rezo, rezo, rezo, rezo, e me encontro cada vez pior no aspecto financeiro. Meu vizinho nunca reza e cada vez é mais próspero. Por que isso acontece?

Padre Diego: Olha, pelo jeito você entende de rezar e seu vizinho, de ganhar dinheiro.

Fiel: Padre, eu rezo, rezo, rezo, rezo, e não tenho amigos. Existem jovens "mundanos" que são cheios de amizades. Por que isso ocorre?

Padre Diego: Olha, meu jovem, pelo jeito você entende de rezar e os outros jovens, de fazer amigos.

> *Fiel:* Padre, o que tem de errado na minha empresa? Tanto rezo, peço, clamo a Deus, e as vendas não acontecem.
>
> *Padre Diego:* Você já experimentou sair para vender?

Vamos lá: quem reza e reza tanto, tem que avaliar também a qualidade dessa oração, buscar ajuda com um diretor espiritual; afinal, se não há frutos, é porque deve haver problema no seu conceito de oração. Sua oração é sem reflexão? Será que já criou um deus para você? Você fala com ele, mas o escuta? Faz de fato o que ele pede, ou tudo virou ritualismo ou uma bengala?

Caro leitor, falamos muito que a emoção não pode ser decisiva para a verificação da verdade espiritual, e, neste capítulo, queremos afirmar o quanto o contrário também é verdadeiro. O quanto o espiritual tão somente não responde pelas demandas racionais e emocionais.

Temos de cuidar para não ter a fé como anestesia, como uma embalagem dourada da vida medíocre, como um invólucro precioso da preguiça e do desleixo, como um sepulcro caiado (pintado com a cal), bonito por fora e cheio de zona de conforto podre e malcheirosa por dentro. Este é o escândalo e o contratestemunho. Ter fé, rezar, não me isentam de procurar a razão (estudar e aprender) e de procurar um emocional equilibrado.

Lembro-me um dia, quando era pequeno, de ir ao dentista e ele me aplicar anestesia; então, passei a não sentir mais nada na boca, mordia até a língua, e era gostoso morder. E, já que você não sente dor, morde. Só que, depois que passou a anestesia, estava tudo cortado por dentro da minha boca. Então, também existem coisas que nos vão anestesiando na hora e parecem boas. E, depois, percebemos que, na realidade, aquilo não nos levou para o caminho certo.

A fé nunca pode ser este anestésico.

Como falamos amplamente, essa parte das emoções anestesia e confunde. Por outro lado, a fé pode anestesiá-lo, pode fazê-lo "jogar para Deus" a sua parte de ação. Uma fé sem a doutrina o leva à inanição (e entenda aqui doutrina não como um conjunto de leis, mas sim como a coisa certa a ser feita). Você não age, espera acontecer, não como quem crê e aguarda, mas como quem se joga na zona de conforto.

Fé sem obras é morta, já dizia São Tiago.

- Quer ter saúde, chegando ao peso ideal? Ore para persistir na dieta e FAÇA DIETA.
- Quer prosperar? Ore para ter coragem e força para trabalhar e estudar. E TRABALHE E ESTUDE.

- Quer ter amigos? Ore pedindo coragem, um rosto sorridente, seja menos exigente e VÁ ATÉ AS PESSOAS E DIGA: "OLÁ, TUDO BEM?".

Muitas pessoas têm olhado para os cristãos e ficado escandalizadas. Você sabia que todos temos um vizinho que nos "observa" da janela de sua casa, tirando suas conclusões?

Esse vizinho provavelmente comenta: "Mulher, vou dizer uma coisa, Deus não existe. E, se existe, não está naquela igreja que nosso vizinho frequenta, pois faz mais de dez anos que todo domingo eu o vejo sair para ir à missa rezar e a vida dele está cada vez pior. Todos ali são desunidos, falidos, doentes".

Avalie-se: se olhassem para você hoje, as pessoas teriam vontade de ter a mesma fé que a sua?

Às vezes, somos tão contrários ao que vivemos, que outros perguntam: "Amigo, qual igreja mesmo você frequenta?". E você responde: "Opa, que legal, você quer participar dela conosco?". "Não, quero saber qual é a igreja para nunca ir lá... Vai que eu fico como você."

Outros ainda dizem: "Amigo, já participei de diretoria de clube de futebol a partido político. Mas nada se compara, em confusão, a ser de diretoria de igreja. Vocês que pregam a retidão, o perdão e o amor fraterno... me assustam...".

Se temos a pretensão de ser LUZ NO MUNDO (cf. Mt 5,14-16), precisamos tratar de viver bem todas nossas dimensões, humanas e espirituais.

Quem sabe um dia ouviremos: "Mulher, no dia em que encontrar nossa vizinha na calçada, pergunte-lhe se podemos começar a frequentar a igreja com ela. Com certeza Deus se manifesta lá. Olhe como está bem, como enfrenta seus problemas com gratidão e dignidade. Veja como essa família se ama".

Para avançarmos, vamos resumir a ideia: emoção não define verdade espiritual. Por outro lado, praticar uma espiritualidade não me isenta de agir e de usar razão e emoção para alavancar minha vida.

Atividade 1

Quer avaliar o quanto tem vivido sua espiritualidade sem agir? É bastante simples: analise o quanto culpa Deus pela vida que tem vivido, o quanto o culpa pela sua situação profissional e familiar, que não é boa. O quanto o acusa e cobra por uma vida melhor. Se na sua comunicação há muita acusação, pode até haver oração, mas, com certeza, não há ação. Está esperando demais que as coisas aconteçam, sem fazer sua parte. Então, vamos lá, avalie sua comunicação e, depois, comece a pedir forças a Deus para agir mais e troque sua fala negativa por muita, mas muita, gratidão.

Atividade 2

"Mas alguém dirá: 'Tu tens fé, e eu tenho obras. Mostra-me a tua fé sem obras e eu te mostrarei a minha fé pelas minhas obras'" (Tg 2,18).

Inegavelmente, proclamar, falar que se crê, é importante. Mas a fé vivida no dia a dia é a que realmente nos leva à maturidade.

Você realmente crê na verdade da fé? Se sim, então está na hora de assumir concretamente a AÇÃO, a ATITUDE condizentes com sua fé. Então, escreva três ações concretas que fará nos próximos dias, comprovando que você crê, mesmo que suas emoções sejam contrárias, mesmo que não o leve a se sentir bem, mesmo que não lhe proporcione recompensa nenhuma.

Sugestão:

- Perdoar alguém que o magoou, mesmo que se sinta injustiçado e que seus sentimentos ordenem o contrário.
- Ajudar algum necessitado, sem que sua mão direita saiba o que faz a esquerda. Ou seja, ajudar

anonimamente, sem esperar gratidão nem bem-
-estar pessoal.
- Orar, ler um texto bíblico, ir à missa, mesmo que não haja vontade, ânimo, entendimento ou recompensa emocional.
- Ou _____
- Ou _____

CAPÍTULO 10

O PODER DA FÉ

Quem dá o primeiro passo? Quem garante o milagre?

Este entendimento é central neste livro. Perceba como funciona a dinâmica do poder da fé. Não temos a pretensão de aprofundar e discutir teologicamente a fé, mas sim de torná-la prática para seu dia a dia. Vamos começar explicando alguns fatores decisivos para a eficácia do poder da fé. O primeiro é: o LIVRE-ARBÍTRIO.

Gostamos de dizer:

Deus "não tem", ELE É.

- Deus não tem beleza. ELE É BELEZA.
- Deus não tem justiça. ELE É JUSTIÇA.
- Deus não tem amor. ELE É AMOR.

E, em se tratando de respeito, vale a regra: Deus não tem respeito; ELE É O RESPEITO.

Ele respeita o que criou e como criou. Na lista dos maiores presentes de Deus, desponta em primeiro lugar a "vida" e, em segundo, a "liberdade". Ele respeita a vida que nos deu a ponto de torná-la eterna, e também respeita a liberdade que nos deu a ponto de esperar que nossa boca, mente e coração estejam alinhados, no mesmo pedido, para, então, entender que "estamos querendo algo mesmo".

E por que a liberdade é tão importante?

A liberdade do indivíduo é um presente inestimável e imprescindível para que possa haver amor. Só há amor se houver liberdade. Podendo ser livre para amar ou não amar, optamos livremente pelo amor. Tanto é assim que um matrimônio em que os cônjuges são coagidos, forçados ou até não levam a sério o que estão fazendo no ato sacramental, torna-se ato nulo. Em outras palavras, matrimônio forçado não tem valor.

Respeitar a liberdade é, então, acima de tudo, uma premissa do amor. Essa liberdade torna o homem necessitado de unidade interior, para, assim, poder ter acesso a tudo o que Deus, que é amor, promete a ele.

Uma pessoa que fala diferente do que age, que age diferente do que pensa, que pensa diferente do que fala, é dividida internamente e, portanto, derrotada. Perde a força da sua oração. Então, acompanhe:

1. Oro a Deus pedindo saúde; devo, então, desejar estar bem, devo ir ao médico, devo fazer o tratamento. Se minha boca proclama que quero saúde, mas não mudo meus hábitos, sou uma pessoa dividida, pois, com a boca, digo a Deus uma coisa e com os gestos e ações comunico outro desejo: o de continuar doente. Apesar de a minha boca dizer "quero saúde, meu Deus", meus gestos dizem "não quero saúde, meu Deus", e Deus respeita a liberdade que ele me deu.

2. Oro pedindo a Deus que providencie trabalho; preciso, então, fazer meu currículo, sair à rua, bater de porta em porta nas empresas. Devo aceitar trabalhos mais simples, deixar de ser arrogante. Devo sair do sofá e "bater perna por aí". Devo deixar de ser "malandro", colocando a culpa na crise do país, enquanto passo o dia vendo TV ou na internet; escoro-me no dinheiro dos outros, na casa, comida e roupa lavada dos pais, amigos, governo ou cônjuge.

3. Oro pedindo para haver reconciliação com meus desafetos, mas fico esperando que me procurem, me liguem. Estou sempre cheio de razão, mais preocupado em sentir prazer com o vitimismo do que em agir, ir atrás, ligar, visitar essas pessoas.

4. Oro pedindo a Deus por conversão na família, mas prefiro não confrontar meus filhos em seus

maus hábitos e pecados. Não quero incomodar-me nem arranhar minha autoimagem de "bonzinho", e estou mais ocupado em ser "o sofredor" do que "o vitorioso".

Você se lembra de São Pedro e da famosa passagem onde ele caminha sobre as águas? Resumindo e relembrando:

> ²²Jesus envia seus discípulos a sua frente, num barco dizendo que os alcançaria mais tarde. [...] ²⁵No meio da noite Jesus realmente os alcança "literalmente caminhado sobre a água", deixando-os apavorados. [...] ²⁸Pedro o interpela dizendo, que se realmente é Jesus, que o autorize a ir caminhando também ele na água ao seu encontro, ²⁹e Jesus diz: "Vem". E Pedro caminha alguns passos sobre a água (Mt 14,22-29).

Nesta passagem está a grande CHAVE DO PODER DA FÉ: quem dá o primeiro passo no milagre com Pedro?

☐ Pedro.
☐ Jesus.

E quem garante o milagre?

☐ Pedro.
☐ Jesus.

Pedro dá o passo e Jesus certamente é quem faz o milagre.

Vamos fazer um exercício e imaginar essa cena assim como fazemos hoje em dia nas nossas orações.

Pedro, no barco, diz: "Jesus, se realmente é você, permita que eu vá até aí...". Jesus responde: "Venha, Pedro". E Pedro complementa: "Jesus, faça o seguinte: endureça a água, daí eu vejo se me agrada a dureza da água e então caminho até você". Jesus responde: "Não, Pedro, não é assim". Caminhe, dê o passo, que EU garanto mantê-lo sobre a água.

Olha, esta conversa podia se estender e Pedro e Jesus estariam até hoje no mar da Galileia. Jesus, firme, dizendo: "Você tem que dar o primeiro passo, Pedro". E Pedro: "Endureça a água primeiro, Jesus". E Jesus: "Dê o passo, Pedro". E Pedro: "Endureça a água, Jesus...".

Ou seja, se não conseguir "caminhar sobre as águas" (não conseguir a graça que tem pedido), é porque VOCÊ não deu o primeiro passo. Não tem nada a ver com Jesus; da parte DELE está tudo certo. Na passagem bíblica, Pedro dá o passo e começa a caminhar sobre as águas.

No fim das contas:

O PODER DA FÉ é o AGIR.
Creio, portanto, ajo. Ajo porque creio.
Fé sem obras (agir) é morta.

Interessante é que Pedro dá cinco ou seis passos e começa a afundar. Exatamente, qual é a frase de Jesus?

☐ Pedro, minha energia para mantê-lo sobre as águas acabou. Eu tinha poder só para cinco passos.

Ou:

☐ Por que duvidou, Pedro?

Por que Pedro estava afundando de novo? Jesus não fez a parte dele? Ou Pedro duvidou?

Jesus deixa claríssimo: "Pedro, comigo está tudo certo. Se você está afundando, não é por que o meu poder se esgotou". Fica claro que a responsabilidade por Pedro estar afundando é dele. "Pedro, por que duvidaste?" Não foi a fé de Jesus que acabou, não foi a energia dele que acabou. E Pedro, reconhecendo, diz: "Salva-me, Senhor!". E Jesus dá-lhe a mão e o puxa. Mas quem dá a mão, mediante a humildade de Pedro, que reconhece sua dúvida e fraqueza? É Jesus. Está aí mais um passo: esse dar a mão, essa adesão "a" Jesus. Porque não é Pedro quem consegue subir e caminhar sobre as águas por si só; não é a fé dele que diz: "Eu posso", e ele volta a andar nas águas. É a fé dele, que se une a Cristo, que o faz subir das águas. E é diferente de Cristo, pois ele, sim, caminhou sobre as águas sem dar a mão para ninguém.

A fé não nos torna super-heróis nem deuses, mas a fé verdadeira nos une a Deus. Por isso a importância de sabermos também a vontade de Deus. Pedro pergunta se Jesus "permite" que ele caminhe sobre as águas e Jesus autoriza. Quando o demônio impôs a Jesus que ele fizesse milagres,

¹²Jesus disse: "Não tentarás o Senhor teu Deus" (Lc 4,12).

Tem temas na nossa vida que já estão discernidos e são da vontade de Deus, como o amor, a santidade, bons relacionamentos. Outros temas pessoais devem passar pelo discernimento e pela oração para ver se são mesmo a vontade de Deus.

A fé não é uma força ou um superpoder que nos faz caminhar sobre as águas, mas aquele vínculo sagrado que nos une com aquele que "pode" caminhar sobre as águas sem precisar de ninguém, porque ele é Deus.

Em tantas outras passagens, Jesus reafirma essa questão da fé ser um vínculo com ELE e não um poder em si.

Quando Jesus visitou sua terra Nazaré, muitos poucos milagres aconteceram por lá, pois ali não lhe deram credibilidade.

Diziam: "Jesus é Filho de Deus? Que nada, é o menino que brincava na nossa praça, é o filho do carpinteiro".

No momento em que você não dá credibilidade, não se une e, portanto, não tem fé, não é Deus quem perde o poder. "Se você tivesse fé, você diria para a montanha...". Não é um poder mental, em que se diz: "Eu posso, eu consigo". Não! É dizer que Deus pode fazer porque foi quem criou tudo; então, você se junta a ele. Não somos nós, com fé, que fazemos algo acontecer pelo nosso poder, e sim Deus.

Santos não fazem milagres, Maria Santíssima não faz milagres, mas eles estão unidos a Deus, e ele é quem os realiza.

No céu não existirá mais fé, nesse sentido de acreditar, de aderir, pois estaremos plenamente unidos a Deus. A fé é essa ponte que nos une a Deus.

Vamos ver se entendemos este capítulo tão fundamental:

1. Deus nos deu a liberdade, premissa para o amor, e ele respeita essa liberdade.

2. Se estivermos divididos, pensando diferente do que falamos ou sentimos, e vice-versa, a graça não acontece.

3. Para mostrar a Deus que realmente queremos o que pedimos, temos de orar e agir. Quem dá o primeiro passo somos nós.

4. Fé não é um "poder"; fé é união com Deus, e esse "sim" tem poder. O poder da fé é a união com ele.

Atividade 1

Faça uma lista dos pedidos que você vem fazendo a Deus e, para cada um deles, realize o seguinte discernimento:

- Estes pedidos que faço a Deus estão acompanhados de ações? De primeiros passos? De demonstrações de que realmente "desejo" o milagre? Ou só estão no campo do acredito e não ajo, da fé sem obras?

- E, analisando meus pedidos, há alguns que estão "forçando a barra" contra Deus? Já discerni se realmente são vontade dele?

CAPÍTULO 11

POR QUE ALGUÉM OPTARIA EM NÃO SER CURADO?

Citamos no capítulo anterior que é fundamental mostrarmos a Deus que realmente queremos o que pedimos, unindo o que penso, sinto, ajo e peço. Disso pode surgir uma pergunta: será que alguém não gostaria de ser curado, de ter sua vida transformada?

É fundamental no estudo da neurociência entender uma programação básica do cérebro animal, que está programado para fugir das dores e buscar os prazeres, simplesmente porque essa atitude parece ser uma programação de sobrevivência.

- Fugimos da fome e buscamos o alimento, que é prazeroso.
- Fugimos do perigo e buscamos o prazer do abrigo.
- Fugimos da solidão e buscamos o prazer dos amigos.

Porém, na complexidade do ser humano, essa máxima acaba por ser um impedimento poderoso para uma vida realmente plena, pois os prazeres, frutos de nossos desequilíbrios, podem estar roubando a vida e, ao mesmo tempo, as dores que traziam vida são refutadas.

- Busco tanto o prazer da comida que esta me coloca à beira da morte, e, ao mesmo tempo, fujo totalmente da dor que o comer menos (dieta) me traria.
- Busco tanto o prazer do bem-estar que estou em apuros financeiros, ao mesmo tempo que procuro fugir dos desafios e eventuais dores de uma atividade profissional.

Essa é a explicação mais básica para entendermos por que alguém não optaria por uma cura, por que alguém não agiria para solucionar um problema: é porque há muito mais ganhos (prazer) em ter o problema do que em solucioná-lo. Há muito mais perdas (dor) em resolver esse problema do que em deixá-lo continuar a existir.

Responda:

O que você ganha em cuidar da saúde?

- Disposição.
- Ânimo.
- Alegria.
- Um sono melhor.
- Qualidade de vida.

E o que perde em cuidar da sua saúde?

- A liberdade de comer o que quero.
- A companhia da turma do churrasco.
- O prazer do sedentarismo.
- O tempo que agora tenho de dedicar à saúde.

Ora, no fim das contas, você optará pela lista que mais lhe parece conveniente. Temos de ter esta clareza: toda mudança de vida, todo aceitar a ação de Deus na minha vida, impõe GANHOS E PERDAS. Se, no íntimo do meu ser, estou convencido de que ficar como está é o melhor, mesmo que minha boca peça a graça, ela não virá, pois o resto do meu ser está pedindo o contrário.

Se incluirmos os ganhos emocionais na balança do prazer, então, vamos notar que muitas das graças de Deus em nossa vida seriam verdadeiras desgraças na ótica de quem vive de mendigar o amor das pessoas, por seus problemas e limitações.

Você já se deu conta de quanto amor humano recebe quando está doente? Quando tem problemas?

Quantas crianças só têm a atenção dos pais quando estão vitimadas, doentes, chorando etc. Por vezes, a criança está sadia e feliz e, por causa disso, não recebe sequer um olhar. Estamos criando uma geração que tem muitos ganhos em ser doente e infeliz.

Quantas mães só receberam olhares carinhosos dos amigos, familiares e até irmãos de caminhada quando contaram do filho drogado ou do casamento em crise?

Veja e entenda: para essas pessoas, há muito mais ganhos em estar com problemas do que em não tê-los.

Sempre há ganhos e perdas, e vencerá na balança o que for mais pesado.

Quem anda com uma pedra no sapato e não se dá ao trabalho de retirá-la, é porque tem mais ganhos em manter essa pedra do que em retirá-la.

Atividade 1

Se já identificou algo a mudar em sua vida, crie a sua lista de ganhos e perdas. Depois, crie mais uma coluna sobre o quanto você tem perdido em não mudar. O exercício é simples: enfatize os ganhos com a mudança e dê um bom susto em si mesmo, imaginando sua vida daqui a dois ou cinco anos, caso a mudança não ocorra logo. Evidencie para si mesmo, então, o que ganha com a mudança e o que perde em continuar como está. Isso tornará claro para sua consciência se real e profundamente você quer mesmo a mudança. Por exemplo:

- Se não cuidar da sua saúde, como estará daqui a dois ou cinco anos? Doente, inválido, longe dos filhos e amigos, incapaz de acompanhar as atividades da família, falido...
- Se não cuidar do seu casamento, como estará daqui a dois ou cinco anos?

CAPÍTULO 12

UMA ORAÇÃO CHAMADA "EU NÃO CONSIGO"

Um amigo fez-me um questionamento sobre uma passagem bíblica que me desconcertou, mas a reflexão gerada por essa observação tem revolucionado minha oração, meu entendimento de como me relacionar com Deus através da oração. Tem também me levado a um novo patamar de serenidade diante dos acontecimentos da vida, e passei a admirar mais as pessoas a minha volta, principalmente as diferentes de mim. Além do que, tenho pedido mais ajuda e sido mais grato para com quem me estende a mão.

Uauuu, mas que questionamento foi esse? Vamos aos fatos, e tomara que os efeitos em você possam ser os mesmos que em mim.

Comentávamos sobre a passagem bíblica que, no Evangelho de Mateus, no capítulo 19, leva o título de "O jovem rico". Um jovem questiona Jesus sobre o que precisa fazer para alcançar a vida eterna. Jesus evidencia para ele os mandamentos, bem como a obediência a eles. O jovem garante que isso ele já pratica. Então,

Jesus o convida a largar tudo, a desfazer-se de seus bens materiais e segui-lo, se realmente quer o mais especial. Nesse momento, o jovem se entristece e vai embora, pois possuía muitos bens.

Observávamos que Jesus havia dado ao jovem um grande presente: ele analisou profundamente o coração desse jovem e lhe revelou claramente seu desejo mais profundo. Veja que o jovem questiona sobre o que precisa fazer para entrar no céu, e Jesus responde que é necessário seguir os mandamentos. A insistência do jovem em dizer que isso já faz, mas que parece não ser o bastante, é como se ele quisesse saber de Jesus: e o que mais? Só isso? Seguir os mandamentos deveria deixar-me feliz? Por que isso não acontece?

Diante da indagação do jovem, Jesus lhe perscruta o coração e revela aquilo pelo que ele sempre teve anseio: "Sua felicidade está em me seguir por inteiro, sem apegos nem impedimentos. O que quer mesmo é ser livre para ir e vir, para amar".

E Jesus acerta em cheio, era isso mesmo. O jovem que obedecia aos mandamentos e era inquieto, pois queria mais da vida, recebe um discernimento vocacional gratuito e certeiro do Mestre. Estava ali, à vista de todos, o seu sonho, nutrido desde criança, quem sabe: dar-se, doar-se. Mas ele não podia seguir esse sonho, pois tinha herdado empresas, vinhas, celeiros. Também havia a expectativa da família, da sociedade. Todos esperavam muito dele, pois tinha de cuidar dos tesouros deste mundo, do sobrenome da família. Além do mais, seguir Jesus era inseguro, incerto, pois, por exemplo: onde dormiria? O que comeria? Estava tão acostumado às coisas boas e seguras da vida. E, sim, Jesus tinha acertado: a felicidade que ele sempre quis era seguir Jesus, isso era evidente.

Por isso, o versículo 22 fala: "O jovem foi embora muito triste, porque possuía muitos bens".

Que dúvida cruel: seguir seu sonho e ser feliz ou atender aos apelos familiares, sociais e da conveniência da vida?

Um amigo meu sempre dizia: "Quando se cruza com Jesus, nunca se sai igual. Ou se fica melhor ou pior. Ele não estraga ninguém, apenas deixa claro o que somos, e nem sempre queremos desinstalar-nos para buscá-lo".

Muitos interpretam a passagem citada como um padrão que serve para todos, como se largar tudo fosse um chamado universal, e não é isso. A obediência aos mandamentos, sim, é para todos, mas largar tudo é vocação, sendo diferente, portanto, de pessoa para pessoa.

Assim, enquanto comentávamos e refletíamos sobre essa bonita passagem, meu amigo olhou para mim e perguntou: "Qual foi o erro do jovem rico?". Eu prontamente respondi: "Seu apego. Ele não conseguiu desapegar-se da vida que levava, da posição que tinha. Teve medo de romper com 'o que esperavam dele'".

Meu amigo, então, como se estivesse me dando um presente divino, me respondeu: "Não, o erro do jovem não foi o apego nem o egoísmo. O erro dele foi querer resolver esse 'apego e egoísmo' sozinho. Ele estava diante de Jesus, o Todo-Poderoso, o amor de Deus encarnado. Podia ter dito a Jesus: 'É verdade, Mestre, acertou em cheio! É isso que eu quero mesmo, largar tudo e segui-lo, mas EU NÃO CONSIGO'. E assim como Jesus já fizera com tantos outros que cruzaram seu caminho, ele pediria ao jovem: 'Quer que eu cure seu egoísmo e apego?'. E, se o jovem respondesse que sim, ele o tocaria e o curaria, e naquele mesmo instante sairia de lá seguindo Jesus e feliz".

Erramos quando queremos resolver sozinhos nossas demandas. Há muitos pais desejando melhorar sua forma de agir com os filhos, mas querem resolver isso sozinhos. Há casais que querem melhorar suas relações, pois sabem do compromisso assumido diante de Deus no matrimônio, mas querem resolver isso sozinhos.

Fracassamos quando queremos resolver as coisas sozinhos. Pior, achamos que Deus quer assim, pois muitos têm nele a figura daquele que aponta o modelo a seguir, sabem na ponta da língua o que Deus espera deles, mas não entendem que Deus aí está não para exigir uma postura, um procedimento, mas para fazer o milagre em nós.

Gastamos nosso tempo com justificativas diante de Deus, enchemos nossa oração com explicações e argumentos para justificar o que fazemos, e deveríamos simplesmente dizer: "É verdade, o certo é isso. Mas me ajuda, Jesus, porque sozinho EU NÃO CONSIGO".

Para deixar ainda mais claro o que quero dizer, por exemplo, hoje há uma enxurrada de explicações para não se viver a castidade; diz-se que o mundo mudou, que há uma nova cultura. Em vez disso, deveríamos admitir: "A castidade é o melhor caminho; por isso, me ajuda, Jesus, porque sozinho EU NÃO CONSIGO".

"Sem mim nada podeis fazer" (Jo 15,5).

É muito melhor passar uma vida inteira caindo no mesmo pecado e continuando a considerar aquilo pecado, e, assim, viver uma vida inteira de pedido de perdão, somado à oração "me ajuda, Jesus, sozinho EU NÃO CONSIGO", do que uma vida inteira de pecados e justificativas. Mas, se vivo um constante "deixe a vida me levar", já que não vivo como penso, acabo pensando como vivo.

Quem seguir o caminho do pedido, um dia o alcançará; quem seguir o caminho da justificativa, jogará fora o milagre e já perdeu.

> ²³Em verdade, em verdade vos digo: o que pedirdes ao Pai em meu nome, ele vo-lo dará. ²⁴Até agora não pedistes nada em meu nome. Pedi e recebereis, para que a vossa alegria seja perfeita (Jo 16,23-24).

Mas queremos fazer as coisas sem ele. Resolver nossas demandas pessoais, profissionais, familiares sem ele.

Voltando ao jovem rico, o que ele pediu a Jesus? Nada. O que ele recebeu? Nada. O que ele podia ter pedido a Jesus? Tudo. O que receberia? Tudo.

É muito fácil buscar culpados para a situação em que nos encontramos, pois, por mais que a Bíblia nos releve que o julgamento final será pessoal (Mt 25), ainda achamos que nossas desculpas valerão algo diante de Deus, que, se tivermos uma bela lista de culpados pelas coisas que nos acontecem, conseguiremos negociar a salvação. Isso é um grande engano, pois a decisão é pessoal, o julgamento é pessoal. Aquele jovem pode também ter saído da presença de Jesus tendo na cabeça uma lista enorme de nomes de pessoas que não o ajudaram, não o motivaram, de familiares que o envolveram. O fato é que ele, e mais ninguém, é responsável por não seguir Jesus mais de perto.

Muito perigosa também é essa oração na qual se quer que os outros mudem para não precisarmos mudar, em que se pede a Deus que mostre os culpados pela situação de vida que levamos, em vez de se fazer uma oração focada em vitória e solução. Afinal, quem, além de você mesmo, é responsável pela vida que leva? E se você fosse melhor, mais ousado, corajoso, decidido, fiel e santo, será que sua vida não seria bem diferente? Então, além dessa oração que ensinamos, na qual convidamos, quem quer mudanças e milagres na sua vida, a rezar EU NÃO CONSIGO, há uma outra tão poderosa quanto, que é rezar dizendo: MUDA-ME PRIMEIRO.

Deus é extremamente AMOROSO, SANTO e JUSTO, com certeza, portanto, é coerente com sua própria lei. Lembro-me de uma história em que um homem pedia muito que Deus transformasse sua esposa, que era deveras muito brava e que proferia algum xingamento e até palavras mais duras contra ele. Seus irmãos de caminhada de fé se empenhavam muito em orar por ele e, em especial, para que sua esposa mudasse, até que um dia alguém teve a curiosidade de perguntar quando era que esse tipo de situação costumava ocorrer. E o homem falou:

– Toda vez que estou na sala vendo novelas, enquanto ela está limpando a casa, ela perde a calma e me xinga...

Então veja, o que é que aquele homem tanto pedia nas empreitadas de oração da comunidade? Queria que sua mulher mudasse, para que ele pudesse permanecer do mesmo jeito. E pior, além de não mudar, desejava que ela fosse conivente com sua preguiça e vício por novelas.

Veja, Deus é coerente e não levará em conta uma oração que pede mudanças NO OUTRO PRIMEIRO.

*Orar pedindo que os outros mudem,
para que eu continue sendo o mesmo,
é uma oração em vão.*

Há quem ore para que os filhos mudem, enquanto a pessoa que reza permanece na sua covardia e acomodação, com uma autoimagem de boazinha e amiguinha.

Sua oração deveria ser: MUDA-ME PRIMEIRO, JESUS, para que eu seja corajoso, decidido, não tenha medo de perder o afeto das pessoas e ame de verdade aqueles que me confiou.

Há quem reze para que o chefe aumente seu salário, e não precise fazer cursos e melhorar seu currículo, de forma a merecer esse aumento.

Sua oração deveria ser: MUDA-ME PRIMEIRO, JESUS, para que eu volte a estudar, aprender e mereça um aumento salarial.

Há quem reze para que o cônjuge mude, para então não precisar mudar em nada, nem amar incondicionalmente como prometido no matrimônio.

Sua oração deveria ser: MUDAI-ME PRIMEIRO, JESUS...

> E fazei-me instrumento de vossa paz
> Onde houver ódio, que eu leve o amor.
> Onde houver ofensa, que eu leve o perdão.
> Onde houver discórdia, que eu leve a união.
> Onde houver dúvida, que eu leve a fé.
> Onde houver erro, que eu leve a verdade.
> Onde houver desespero, que eu leve a esperança.
> Onde houver tristeza, que eu leve alegria.
> Onde houver treva, que eu leve a luz.
> Ó Mestre, fazei que eu procure mais
> consolar que ser consolado,
> compreender que ser compreendido,
> amar que ser amado.
> Pois é dando que se recebe,
> é perdoando que se é perdoado
> e é morrendo que se vive para a vida eterna.
> Amém
> (Oração atribuída a São Francisco de Assis).

Há quem reze para que os outros se transformem, para que continue sendo quem é, sem comprometer-se com a mudança pessoal.

Sua oração deveria ser: MUDA-ME PRIMEIRO, JESUS, para que eu seja LUZ no mundo.

Pior, há quem reze para que os outros mudem, para que a Igreja mude, para que o papa mude, e até para que

Deus mude, para que, então, possa continuar com sua vida de pecado.

Para este, a oração deveria ser: MUDA-ME PRIMEIRO, JESUS, por inteiro, converte meu coração.

Como erram aqueles que rezam pelos irmãos sem "CENTRALIDADE NO EU", ou seja, sem colocar a figura do orante no centro da oração e da mudança. Claro que uma das orações mais lindas que existe, e que é até ato de misericórdia espiritual, é rezar pelas pessoas, porém, rezar "errado" é tão ruim quanto não rezar.

Essa oração "perigosa e errada" convence o que recebe a oração de que a culpa pela sua vida ruim e seu sofrimento é do outro. Quantas vezes nos aconselhamentos as pessoas reclamam dos outros e são consoladas com palavras que atestam que REALMENTE a culpa é do outro.

Você entende o estrago mental e a trava espiritual de alguém que vai à igreja rezar e buscar aconselhamento e volta para casa convencido de que o problema é o OUTRO? Jesus explora muito este tema na parábola do pecador e do publicano, em Lucas 18,10-14:

> [10]Subiram dois homens ao templo para orar. Um era fariseu; o outro, publicano. [11]O fariseu, em pé, orava no seu interior desta forma: "Graças te dou, ó Deus, que não sou como os demais homens: ladrões, injustos

e adúlteros; nem como o publicano que está ali. ¹²Jejuo duas vezes na semana e pago o dízimo de todos os meus lucros". ¹³O publicano, porém, mantendo-se à distância, não ousava sequer levantar os olhos ao céu, mas batia no peito, dizendo: "Ó Deus, tem piedade de mim, que sou pecador!" ¹⁴Digo-vos: este voltou para casa justificado, e não o outro. Pois todo o que se exaltar será humilhado, e quem se humilhar será exaltado.

Então, quando estiver rezando, lembre de se colocar no centro das intenções:

- Se quer mudança em sua casa, comece pedindo pela SUA mudança.
- Se quer mudança nos relacionamentos, comece pedindo pela SUA mudança.
- Se quer mudança no seu trabalho, comece pedindo pela SUA mudança.

Então, se quer mudanças, comece pedindo pela SUA mudança.

E olhe, não estamos dizendo que o problema está em você ou que as pessoas não são más. Sabemos que há situações bem difíceis, e que muitas vezes aqueles que convivem conosco causam problemas. Mesmo assim a pergunta que temos de fazer, para então entrarmos em oração, é: "O que preciso modificar em mim, para que essa situação mude?".

Cuidado com a oração que não leva à ação, que não o leva a mudar. Que o mantém na acomodação, conveniência e no medo. Isso não é oração, é um joguete mental que conforma o interior, mas não leva a Deus.

Quantos morrem de enfarto, por terem a "certeza" de que Deus curou seu coração, e DEIXAM DE IR AO MÉDICO.

Quantos se separam do cônjuge, na certeza de que eram do bem e que a responsabilidade da separação é do outro.

Quantos se trancam no quarto para orar, olhando a cruz de Cristo, e, se fazendo de vítimas, dizem: "Eu também sofro, Jesus...", em vez de orar pedindo que Deus os transforme em um "leão" vitorioso e corajoso, para AGIR e fazer a diferença.

Deus não atende oração que contraria a sua própria lei e seus princípios.

Atividade 1

Quais são seus pedidos ao Pai? Como é a sua oração? Passa mais tempo pedindo pelos outros ou pede mudanças para você mesmo? Fica mais focado em ser obediente a Deus do que em pedir a ajuda dele? Gasta mais tempo se justificando pelas coisas erradas que faz ou simplesmente admite que errou e pede a graça de mudar?

Depois de ler o capítulo, assinale as alternativas que mais lhe parecem convenientes:

☐ As coisas mudaram, Jesus, e tem que entender que hoje em dia essa radicalidade não faz sentido e que posso muito bem servi-lo sem abandonar tudo.

☐ Jesus, segui-lo de forma radical é o meu grande sonho, mas tenho muito medo. Dá-me coragem, Senhor, pois sozinho EU NÃO CONSIGO.

☐ Jesus, sei que sou infeliz no meu trabalho e que sonho em fazer outra coisa, mas tenho medo de errar, de me dar mal. Então, cura-me dessa tristeza, para que eu não precise mudar.

☐ Jesus, tenho o sonho de executar um trabalho diferente. Dá-me coragem, pois sozinho EU NÃO CONSIGO.

☐ Jesus, venho realizando algumas falcatruas lá no trabalho, mas o Senhor tem que entender que todo mundo faz, e o governo gasta mal os impostos que recolhe; então, eu peço que me proteja, para que eu nunca seja pego pela fiscalização.

☐ Jesus, quero ser justo e reto. Dá-me força, sabedoria e coragem, pois sozinho EU NÃO CONSIGO.

Atividade 2

Veja as áreas de sua vida que precisam de melhoria, seja nos relacionamentos com familiares, conjugal ou com os filhos, seja na sua vida financeira, sua saúde ou no seu emocional, e corajosamente reze: "MUDA-ME PRIMEIRO! O que preciso fazer para que a mudança aconteça, Jesus? Revela-me e te autorizo que faças em mim segundo a tua vontade".

Depois, leia o capítulo 2 dos Atos dos Apóstolos, clame igualmente em sua vida um novo Pentecostes (vinda do Espírito Santo), e repare como nessa passagem bíblica o ESPÍRITO SANTO leva a AGIR.

CAPÍTULO 13

A FERRAMENTA: O PODER DA FÉ

Prometemos para você uma ferramenta, um jeito de pensar a fé que possa ser usado no seu dia a dia; então, vamos lá! Queremos começar com alguns casos da vida real na prática e, depois, vamos aos passos propriamente ditos.

Conforme apresentamos no livro, a fé está intimamente ligada à credibilidade. Mas as pessoas hoje estão cada vez mais sem fé. Pela lógica apresentada, perdeu-se a fé porque se perdeu a credibilidade.

> Por que se perdeu a credibilidade?
> Muitos dizem: simplesmente porque não funciona!

Isso que está na Bíblia, que Jesus ensinou, que a Igreja defende, não funciona.

Será mesmo? Será que não funciona ou sou eu que não sei fazer uso disso?

Então, temos qual situação? A situação de um texto bíblico, de uma história da Igreja que deveria estar conferindo credibilidade a minha fé, mas não está acontecendo isso. Por exemplo:

- Eu vou à missa, comungo todos os dias e a minha vida não muda!
- Eu tenho feito minhas orações, mas meu trabalho, minha empresa, meu casamento, não mudam!
- Li na Bíblia: "Pedi e recebereis, buscai e achareis...". Estou cansado de pedir e não receber.

Então, precisamos aqui, neste ponto, desafiá-lo a algo, pedir um voto de confiança não em nós, autores do livro, mas em Deus. Precisamos que, por um momento, você creia no Deus apresentado por Jesus na Bíblia Sagrada, o Deus que é pai amoroso, o Pai nosso que está no céu. O Deus que tem o mundo em suas mãos, o Deus que nos amou a ponto de dar seu Filho único para morrer por nós. Então, fica combinado assim: Deus existe, ele é real, e sua Palavra é verdadeira.

Para ajudar, você até pode repetir em voz alta: "Com Deus está tudo certo".

Este é o ponto de partida, aceitarmos que ele É REAL, ele é real e fiel.

Em seguida, será natural você questionar: "Espere aí, se com Deus está tudo certo e ele É REAL, por que o milagre não acontece?".

Uma corda tem duas pontas, A e B. Se o problema não está na ponta A, só pode estar na ponta B. E, se na ponta A está Deus e se com ele está tudo certo, só resta concluir que o problema está na ponta B, que é você.

Caro leitor, não se desespere! Vamos ajudá-lo a localizar o "furo" da sua fé, por onde têm escoado a credibilidade e o milagre. Mas antes: a que ponto chegou a arrogância do ser humano, em achar que o milagre não acontece por culpa e/ou limitação de Deus, chegando-se até a acusar Deus, em vez de pedir-lhe que mostre a VERDADE.

Caso 1

Em um encontro de oração que eu conduzia, lancei a seguinte pergunta:

– Quem aqui há muito tempo pede algo a Deus e ainda não recebeu?

Alguns participantes prontamente levantaram a mão, e uma senhora se prontificou a falar, diante de todos, qual era seu pedido não atendido:

– Faz anos que rezo e peço a Deus pela cura do meu filho. É um bom rapaz, mas não se fixa em emprego nenhum, é revoltado, não se acerta nos relacionamentos.

– E há quanto tempo a senhora reza por esse filho?

– Há mais de cinco anos. Faço novenas, vou a missas, a grupos de orações, peregrinações. Rezo todos os dias.

Após a exposição do pedido feito a Deus, pedi à plateia:

— Descrevam um Deus que há cinco anos escuta as orações dessa senhora simpática, querida, mas que não dá a mínima para ela.

As pessoas se olharam e começaram a descrever um Deus que não ouvia a oração dessa senhora:

— É um Deus distante.

— É um Deus relapso

— É um Deus bravo.

— É um Deus ocupado com outros problemas.

— É um Deus que só se preocupa com as grandes causas.

— É um Deus mau e vingativo.

E, mesmo que a plateia tenha garantido não considerar Deus assim, alegou que é o que parece ser um Deus que não houve um pedido de mais de cinco anos. Claro que há os que tentam explicar o fato:

— Deve ser alguma maldição.

— É uma provação para essa senhora, pois temos que sofrer para entrar no céu.

— O sofrimento dela é necessário por algum motivo; um castigo, quem sabe.

— Não chegou o momento da graça.

Foi um verdadeiro show de respostas fantásticas. E todas elas apontaram para uma só conclusão: falta credibilidade naquilo que se lê na Bíblia.

Depois de criado esse panorama, eu abri a Bíblia e li:

– "Pedi e recebereis, buscai e achareis" (Mt 7,7).

Observando essa senhora e o que ela nos narra, é possível chegar facilmente à seguinte conclusão: a Bíblia não funciona, ela é uma mentira, Deus está errado, Deus não existe. Acabou-se a credibilidade, nossa fé agora está abalada, diminuída.

Propus a todos um voto de confiança na Palavra, um voto de fé, e que todos repetissem em voz alta:

– Com Deus está tudo certo! E, se com Deus está tudo certo, então onde está o problema? Com certeza na outra ponta da corda.

Então perguntei para aquela senhora:

– Qual é a história do seu filho?

E ela contou:

– Meu filho foi para a capital procurar uma oportunidade. Saiu daqui chateado com a vida que levava. Já teve uma namorada, mas tem problemas sérios de relacionamento, não fica com ninguém. Profissionalmente, ele fica pulando de emprego em emprego, se acha incapaz, não consegue... Esse é o panorama dele.

— E o que a senhora pede nas suas orações?

— Que ele se encontre, que encontre a Deus, para que consiga um bom relacionamento, um trabalho, e seja feliz.

Eu olhei para ela e disse:

— Se seu filho age assim, é porque está vivendo o "resultado" de alguma coisa. Quem foi a pessoa que, ao longo da infância e da juventude dele, ficou falando que ele não valia nada?

— Foi o pai dele. Ele sempre o chamava de burro, dizia que ele não daria certo na vida.

— Então, a senhora concorda comigo que, alguém falando isso, por muito tempo, pode criar uma ideia de baixa autoestima e desencadear todo um processo ruim na vida de uma pessoa?

— Sim, concordo.

— E o que a senhora pode fazer para mudar essa situação?

— Tenho que rezar mais.

— Senhora, qual tem sido a intenção da sua oração?

— Que ele mude de vida.

— Ele quer mudar de vida? – perguntei...

— Não, ele não quer, não aceita a mudança. Quando eu ligo para ele e falo: "Deus lhe abençoe" ao telefone, ele me xinga. Não quer saber de Deus nem de mudar de vida.

– Senhora, aqui temos uma questão de livre-arbítrio. Deus pode forçar alguém a entrar no céu? Todas as suas orações são presentes que Deus está empacotando para entregar a seu filho. Ele quer receber os presentes?

– Não quer!

– O quanto queremos que os outros mudem para nós não mudarmos. Se, ao longo do tempo, foi repetido que ele não valia nada, o que a senhora pode fazer para começar a mudar essa situação no coração e na mente do seu filho, para que um dia ele aceite a Deus?

– Eu teria que começar a falar para ele que ele tem valor.

– Muito bem, senhora, então vá lá e faça isso. Diga para seu filho que ele tem valor. Quem sabe hoje mesmo, através de uma ligação telefônica e de uma declaração de amor, a autoestima dele possa aumentar.

E nesse momento a senhora disse:

– Eu não consigo. Eu tenho medo.

De um lado, temos uma mulher cheia de traumas, que está orando há anos, pedindo que o filho mude, e, do outro, podemos entender o porquê: ela é medrosa. E já perdeu a esperança de ser uma mulher diferente. Ou quem sabe até confunde medo com docilidade, santidade, simpatia.

Se Deus tivesse curado o filho dela, para que ela pudesse continuar medrosa, ele estaria sendo conivente com o medo, e o medo é uma das grandes armas do inimigo, o acusador, o pai da mentira.

Temos, de um lado, um jovem que tem livre-arbítrio e não quer "a graça", está fechado para Deus. E, do outro, uma mãe que deseja que o filho mude para ela continuar sendo medrosa. Eu propositadamente insisto com ela:

— Senhora, vá e faça essa ligação telefônica, já que seu filho mora longe, na capital.

— Não me sinto à vontade de fazer. Eu tenho medo, não consigo.

— Você quer que eu faça uma oração para que o Espírito Santo lhe dê essa coragem?

Coragem foi o grande sinal de Pentecostes, e Pedro imediatamente agiu, saiu para pregar, para batizar. O grande sinal do Espírito Santo é coragem e ação. Coragem para fazer, independentemente dos sentimentos.

Ela respondeu:

— Quero, com certeza, desejo sim.

E o público do encontro de oração e eu colocamos a mão no ombro dela e pedimos para o Espírito Santo. Foram três minutos de oração.

— A senhora vai ligar?

— Sim, ligarei à noite, quando for para casa.

Terminamos por aí a dinâmica, retomei outro assunto e seguimos adiante com o encontro. No dia seguinte, todos retornaram e perguntei se alguém gostaria de dar algum testemunho referente ao dia anterior. Foi quando a senhora pulou da cadeira e veio em minha direção. Percebia-se que já era outra pessoa, não tinha nada daquela senhora encolhida do dia anterior. Costas retas, cabelo para trás, queixo erguido, pegou de minha mão o microfone, falou alto. A plateia logo perguntou:

– A senhora ligou para seu filho?

– Sim, liguei para ele. Eu me senti corajosa, cheia de autoridade de mãe, e disse: "Meu filho, você sabe que, ao longo do tempo, seu pai, que já é falecido, falava muito que você não tinha valor e que não daria certo na vida. Você pode perdoar seu pai de todo o coração?". "Mãe, eu o perdoo." "Muito bem, meu filho, quero lhe dizer que você tem valor, que é um rapaz fantástico e que vai ser muito feliz... Você merece... As coisas vão começar a mudar."

Ela lhe fez muitos elogios, contrariando tudo o que o jovem havia escutado ao longo de muitos anos. Após escutar todas aquelas palavras fortalecedoras, o jovem, impressionado com a coragem e a autoridade de sua mãe, disparou:

– Você acha tudo isso mesmo, mãe?

– Não acho, meu filho, eu tenho certeza, e, como sua mãe, eu profetizo um tempo novo na sua vida, um tempo de graça. Que Deus o abençoe!

E, naquele momento, aconteceu um milagre, uma resposta do jovem, um sim à ação de Deus, uma permissão livre para Deus agir, e ele respondeu a sua mãe:

– Amém.

Amém quer dizer "assim seja", "eu quero", "eu desejo a graça". E cinco anos de orações acumuladas e rejeitadas pelo coração desse filho foram entregues nesse "amém", atestando a importância da oração constante pelos outros: o poder da intercessão. Afinal, quando o outro dá seu "amém", os presentes são entregues.

A mãe ainda completou com mais amor, palavras de apoio e o comprometimento de estarem juntos, só que agora agindo mais e voltando a acreditar.

Todos ficaram muito emocionados com a narrativa da senhora e surpresos como em tão pouco tempo coisas grandiosas aconteceram.

Eu retomei a palavra diante da plateia e perguntei:

– Pessoal, quem é esse Deus que em três minutos resolveu o problema de uma família? Não foram mais de três minutos rezando pela senhora, pedindo a ela coragem para que exercesse com autoridade sua missão de mãe.

Então, o público começou a descrever esse Deus:

– É um Deus fiel.

– É um Deus que cumpre sua Palavra.

– É um Deus amoroso.

– É um Deus que é Pai.

– É um Deus sempre presente.

Todos louvaram muito a Deus naquele dia, pois entenderam que "com Deus está tudo certo". E que, a partir dessa pergunta, podemos mergulhar na verdade e, quando encontramos essa verdade e rezamos por ela, o milagre acontece.

"A verdade vos libertará" (Jo 8,32).

E você, o que tem pedido a Deus há anos e que ainda não recebeu? Conseguiria mergulhar na verdade para receber o milagre?

A ferramenta é simples: creia que "com Deus está tudo certo". E, se ainda não recebeu o milagre, questione-se: "Tenho pedido a coisa certa? Estou preso a medos? Estou preso a respeitos humanos? Tenho ilusões religiosas de que Deus tem que resolver as coisas para mim, deixando-me na minha zona de conforto?".

O livre-arbítrio é uma chave importante, a plena liberdade para Deus agir como Deus em nossa vida, na causa certa, com a cautela de ter clara as "consequências" do milagre.

Nos cursos, as pessoas às vezes me perguntam por que alguém poderia não querer a cura, o milagre. A resposta é simples, porque sempre há consequências. Veja o exemplo.

Agora você entende por que Jesus, como é narrado em Lucas 18,41, chega diante do cego e pergunta: "O que queres que eu te faça?".

Por que Jesus faz esta pergunta? O rapaz era cego, isso era nítido. Por que Jesus, ao vê-lo, já não foi dizendo: "Opa, olha lá o homem cego, vou dar um presentão para ele. Alô, meu jovem, seja curado"?

Quem disse que ele queria ser curado? Você entende o que implica para este personagem bíblico ser curado da cegueira? Uma vez curado ele teria que:

- Trabalhar.
- Responsabilizar-se pelo sustento dele e da sua família.
- Deixar de lado a vitimização e o "coitadismo".
- Parar com as desculpas.

O cego, diante de Jesus, poderia ter pedido tantas outras coisas, até mais simples, como:

- "Jesus, dá-me uma voz mais forte para pedir esmolas com mais vigor".
- A cura do seu problema de mau cheiro, pois muitos não se aproximavam para lhe dar esmolas por sua condição fétida.
- Um par de óculos escuros para ser o cego mais charmoso da Galileia.

Ou poderia ter pedido coisas maiores:

- A vida eterna.
- A sabedoria divina.
- Seguir a Jesus.

Em nossa experiência, temos nos deparado com pessoas que não querem a cura de fato. Já escrevemos até um capítulo sobre isso. Há muitos ganhos em não ser curado: quantas pessoas, em nossas igrejas, valorizam a vitimização! No fundo e por mais absurdo que pareça, pensam: "Se Jesus resolver as coisas todas lá de casa, o que vou contar de trágico para minhas amigas? Pois sou amada e acolhida mediante essas desgraças todas".

Outras, ainda, preferem apenas orar para que "os outros mudem", para não precisarem mudar. É uma regra: não queira mudar os outros sem antes trabalhar mudanças em si mesmo.

Caso 2

Em outro encontro, lancei a mesma questão:

– Quem aqui tem algo que há muito pede a Deus e ainda não foi ouvido?

E mais uma vez uma mãe trouxe um tema de família.

– Faz meses, desde um desentendimento no dia do Natal, que milha filha se afastou, não ligou mais para nós, e eu rezo diariamente para que ela tenha a graça de Deus e volte a se relacionar conosco. Tenho saudade dela e dos netos.

– Senhora, o que pode fazer para retomar esse relacionamento?

– Eu sei, tenho que rezar ainda mais.

– Por que a senhora mesma não liga para ela?

– Porque foi ela quem errou, e tem que se dar conta do que fez e retomar o contato conosco.

– Será mesmo que foi ela quem errou? Não teria faltado algo de sua parte? E essa "quebra de braço", a quem favorece? Não seria hora de parar de orar para Deus mudar sua filha e começar a pedir: "MUDA-ME PRIMEIRO"?

– É verdade, sinto como se estivesse sendo derrotada, se eu ligar para ela. Tenho de deixar o orgulho de lado. Mas, para mim, é bem difícil.

– Você aceita uma oração para que tenha um coração sem esse orgulho?

– Claro que sim!

Convidei todos a, de pé, orar pela senhora que pedia agora a Deus, de todo o coração: "MUDA-ME PRIMEIRO".

Ao terminar a oração de poucos minutos, questionei como estava, e ela afirmou estar muito bem e convicta do que tinha de fazer. E disparei:

– O que a impede de fazer agora essa ligação?

– Agora, mais nada.

E, diante de uma grande plateia, ela pegou o telefone e ligou para a filha, sob o olhar de centenas de pessoas, que ouviram uma mãe, cheia de amor e acolhimento, se reconciliar com sua filha, de forma leve e serena. Ficamos sabendo que, no dia seguinte, elas se encontraram e, a partir dali, as coisas voltaram ao normal para aquela família.

Mais uma vez, uma pessoa que há meses orava por uma graça que não acontecia, fazendo com que questionasse a credibilidade da Palavra e das promessas de Deus. Bastaram alguns minutos orando pela intenção certa, com o livre-arbítrio alinhado ao pedido, e a ação e a graça aconteceram.

E poderia Deus ter atendido antes o pedido dessa mãe? Se o tivesse feito, ele seria conivente com o orgulho dela, que exigia mudança por parte da filha para que ela própria não precisasse mudar.

Analise os resultados de sua vida com a credibilidade de que Deus é Deus, e terá clareza no tipo de oração que precisa fazer e na ação.

Na obra *É possível, é real: o poder da esperança*, nós já explanamos bastante sobre a necessidade de voltar a acreditar, mesmo sem saber "COMO". Neste novo livro, você é convidado a agir mais, sem saber QUAL é o próximo passo, O QUE virá depois. É convidado a iniciar.

OS 7 PASSOS DO PODER DA FÉ

1. Tenha fé de que DEUS É DEUS, que ele continua sendo o Todo-Poderoso. Creia que a Palavra de Deus é verdadeira. O que Jesus diz no Evangelho é verdadeiro. Então: COM DEUS ESTÁ TUDO CERTO.

2. Se com Deus está tudo certo, e o milagre não acontece, o "problema está na outra ponta". Pare de querer achar culpados e dar desculpas, e centralize em você o pedido. Seja como o cego, o leproso, o coxo, que pediram por eles mesmos, orando: "MUDA-ME PRIMEIRO".

3. Faça-se estas perguntas: "O QUE NECESSITO FAZER PARA QUE A SITUAÇÃO MUDE? O QUE TEM QUE MUDAR? O QUE PRECISO SER?".

4. Organize sua oração com base nas respostas a estas perguntas. Lembre-se: Deus só age através do seu livre-arbítrio; portanto, se não parar de se justificar, ele nada fará. Se não parar de criar historinhas, para se manter confortável no medo, na vitimização, na indignação, na raiva, não estará dando permissão para que ele aja.

5. Dê o primeiro passo, mostre concretamente que quer a cura, a graça. Aja. Faça algo na direção do milagre. Se parecer muito difícil agir, ore: "EU NÃO CONSIGO!".

6. Tenha consciência de que sempre há GANHOS E PERDAS. Jesus veio para nos dar a VITÓRIA; a vida plena vale muito mais a pena. Lembre-se de evidenciar para si mesmo quantos ganhos há na graça que você tanto pede.

7. Se mesmo assim a graça não chegou, renove sua oração, repense seu pedido. Coloque as coisas na balança e veja o quanto ainda tem ganhado em não ser curado. E confie e espere no Senhor.

Rua Dona Inácia Uchoa, 62
04110-020 – São Paulo – SP (Brasil)
Tel.: (11) 2125-3500
http://www.paulinas.com.br – editora@paulinas.com.br
Telemarketing e SAC: 0800-7010081